# 기본 연산
## Check-Book

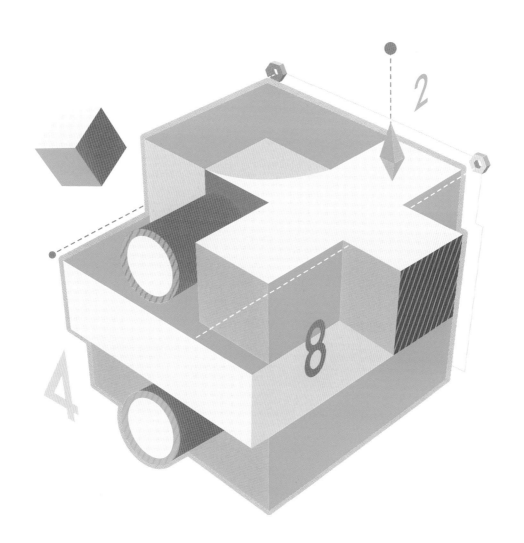

초등2 4호

곱셈과 나눗셈 구구

NE 능률

# 나눗셈

❶ 8 ÷ 2 = ☐

- 8을 2로 나누면 ☐ 가 됩니다.
- 8 나누기 2는 ☐ 와 같습니다.
- 8을 2로 나눈 몫은 ☐ 입니다.

❷ 24 ÷ 6 = ☐

- 24를 6으로 나누면 ☐ 가 됩니다.
- 24 나누기 6은 ☐ 와 같습니다.
- 24를 6으로 나눈 몫은 ☐ 입니다.

❸ 15 ÷ 3 = ☐

- 15를 3으로 나누면 ☐ 가 됩니다.
- 15 나누기 3은 ☐ 와 같습니다.
- 15를 3으로 나눈 몫은 ☐ 입니다.

❹ 32 ÷ 4 = ☐

- 32를 4로 나누면 ☐ 이 됩니다.
- 32 나누기 4는 ☐ 과 같습니다.
- 32를 4로 나눈 몫은 ☐ 입니다.

❺    9÷3=☐

- 9를 3으로 나누면 ☐ 이 됩니다.
- 9 나누기 3은 ☐ 과 같습 니다.
- 9를 3으로 나눈 몫은 ☐ 입니다.

❻    10÷2=☐

- 10을 2로 나누면 ☐ 가 됩니다.
- 10 나누기 2는 ☐ 와 같 습니다.
- 10을 2로 나눈 몫은 ☐ 입니다.

❼    16÷4=☐

- 16을 4로 나누면 ☐ 가 됩니다.
- 16 나누기 4는 ☐ 와 같 습니다.
- 16을 4로 나눈 몫은 ☐ 입니다.

❽    18÷3=☐

- 18을 3으로 나누면 ☐ 이 됩니다.
- 18 나누기 3은 ☐ 과 같 습니다.
- 18을 3으로 나눈 몫은 ☐ 입니다.

# 2주  곱셈과 나눗셈의 관계

❶  $6 \times 8 = 48$

$\begin{array}{l} 48 \div 6 = \boxed{\phantom{0}} \\ 48 \div 8 = \boxed{\phantom{0}} \end{array}$

❷  $3 \times 2 = 6$

$\begin{array}{l} 6 \div 3 = \boxed{\phantom{0}} \\ 6 \div 2 = \boxed{\phantom{0}} \end{array}$

❸  $8 \times 9 = 72$

$\begin{array}{l} 72 \div 8 = \boxed{\phantom{0}} \\ 72 \div 9 = \boxed{\phantom{0}} \end{array}$

❹  $5 \times 7 = 35$

$\begin{array}{l} 35 \div 5 = \boxed{\phantom{0}} \\ 35 \div 7 = \boxed{\phantom{0}} \end{array}$

❺  $9 \times 7 = 63$

$\begin{array}{l} 63 \div 9 = \boxed{\phantom{0}} \\ 63 \div 7 = \boxed{\phantom{0}} \end{array}$

❻  $3 \times 7 = 21$

$\begin{array}{l} 21 \div 3 = \boxed{\phantom{0}} \\ 21 \div 7 = \boxed{\phantom{0}} \end{array}$

❼  $4 \times 7 = 28$

$\begin{array}{l} 28 \div 4 = \boxed{\phantom{0}} \\ 28 \div 7 = \boxed{\phantom{0}} \end{array}$

❽  $5 \times 4 = 20$

$\begin{array}{l} 20 \div 5 = \boxed{\phantom{0}} \\ 20 \div 4 = \boxed{\phantom{0}} \end{array}$

❾  $7 \times 2 = 14$

$\begin{array}{l} 14 \div 7 = \boxed{\phantom{0}} \\ 14 \div 2 = \boxed{\phantom{0}} \end{array}$

❿  $5 \times 6 = 30$

$\begin{array}{l} 30 \div 5 = \boxed{\phantom{0}} \\ 30 \div 6 = \boxed{\phantom{0}} \end{array}$

⓫  $9 \times 5 = 45$

$\begin{array}{l} 45 \div 9 = \boxed{\phantom{0}} \\ 45 \div 5 = \boxed{\phantom{0}} \end{array}$

⓬  $8 \times 4 = 32$

$\begin{array}{l} 32 \div 4 = \boxed{\phantom{0}} \\ 32 \div 8 = \boxed{\phantom{0}} \end{array}$

⑬ $4 \times 9 = 36$

$\begin{cases} 36 \div 4 = \boxed{\phantom{0}} \\ 36 \div 9 = \boxed{\phantom{0}} \end{cases}$

⑭ $2 \times 4 = 8$

$\begin{cases} 8 \div 2 = \boxed{\phantom{0}} \\ 8 \div 4 = \boxed{\phantom{0}} \end{cases}$

⑮ $4 \times 3 = 12$

$\begin{cases} 12 \div 4 = \boxed{\phantom{0}} \\ 12 \div 3 = \boxed{\phantom{0}} \end{cases}$

⑯ $5 \times 4 = 20$

$\begin{cases} 20 \div 5 = \boxed{\phantom{0}} \\ 20 \div 4 = \boxed{\phantom{0}} \end{cases}$

⑰ $8 \times 7 = 56$

$\begin{cases} 56 \div 8 = \boxed{\phantom{0}} \\ 56 \div 7 = \boxed{\phantom{0}} \end{cases}$

⑱ $9 \times 6 = 54$

$\begin{cases} 54 \div 9 = \boxed{\phantom{0}} \\ 54 \div 6 = \boxed{\phantom{0}} \end{cases}$

⑲ $7 \times 4 = 28$

$\begin{cases} 28 \div 7 = \boxed{\phantom{0}} \\ 28 \div 4 = \boxed{\phantom{0}} \end{cases}$

⑳ $6 \times 7 = 42$

$\begin{cases} 42 \div 6 = \boxed{\phantom{0}} \\ 42 \div 7 = \boxed{\phantom{0}} \end{cases}$

㉑ $5 \times 8 = 40$

$\begin{cases} 40 \div 5 = \boxed{\phantom{0}} \\ 40 \div 8 = \boxed{\phantom{0}} \end{cases}$

㉒ $5 \times 6 = 30$

$\begin{cases} 30 \div 5 = \boxed{\phantom{0}} \\ 30 \div 6 = \boxed{\phantom{0}} \end{cases}$

㉓ $8 \times 3 = 24$

$\begin{cases} 24 \div 8 = \boxed{\phantom{0}} \\ 24 \div 3 = \boxed{\phantom{0}} \end{cases}$

㉔ $7 \times 8 = 56$

$\begin{cases} 56 \div 7 = \boxed{\phantom{0}} \\ 56 \div 8 = \boxed{\phantom{0}} \end{cases}$

❶ $72 \div 9 =$ 7 / ⑧

❷ $6 \div 6 =$ 1 / 2

❸ $15 \div 3 =$ 4 / 5

❹ $28 \div 4 =$ 7 / 8

❺ $49 \div 7 =$ 8 / 7

❻ $18 \div 9 =$ 3 / 2

❼ $40 \div 8 =$ 5 / 6

❽ $4 \div 1 =$ 2 / 4

❾ $42 \div 6 =$ 7 / 8

❿ $28 \div 7 =$ 5 / 4

⓫ $32 \div 4 =$ 4 / 8

⓬ $30 \div 5 =$ 6 / 5

⓭ $18 \div 6 =$ 3 / 4

⓮ $15 \div 5 =$ 3 / 2

⓯ $32 \div 8 =$ 3 / 4

⓰ $18 \div 3 =$ 7 / 6

⓱ $12 \div 2 =$ 6 / 5

⓲ $2 \div 2 =$ 2 / 1

⓳ $18 \div 2 =$ 9 / 8

⓴ $81 \div 9 =$ 8 / 9

㉑ $12 \div 4 =$ 3 / 4

월   일

㉒ $14 \div 2 =$ 7 / 6

㉓ $8 \div 2 =$ 3 / 4

㉔ $6 \div 1 =$ 6 / 5

㉕ $36 \div 9 =$ 5 / 4

㉖ $28 \div 4 =$ 6 / 7

㉗ $36 \div 9 =$ 4 / 5

㉘ $63 \div 7 =$ 9 / 8

㉙ $9 \div 3 =$ 2 / 3

㉚ $14 \div 7 =$ 3 / 2

㉛ $48 \div 8 =$ 5 / 6

㉜ $25 \div 5 =$ 5 / 4

㉝ $30 \div 6 =$ 6 / 5

㉞ $8 \div 4 =$ 2 / 3

㉟ $9 \div 9 =$ 1 / 2

㊱ $14 \div 2 =$ 7 / 6

㊲ $40 \div 5 =$ 9 / 8

㊳ $64 \div 8 =$ 8 / 7

㊴ $36 \div 4 =$ 8 / 9

㊵ $7 \div 7 =$ 1 / 2

㊶ $36 \div 6 =$ 5 / 6

㊷ $24 \div 8 =$ 4 / 3

자르는 선

❶ $42 \div 7 =$ ☐

❷ $20 \div 5 =$ ☐

❸ $9 \div 1 =$ ☐

❹ $15 \div 3 =$ ☐

❺ $9 \div 3 =$ ☐

❻ $12 \div 2 =$ ☐

❼ $8 \div 4 =$ ☐

❽ $28 \div 4 =$ ☐

❾ $45 \div 9 =$ ☐

❿ $3 \div 1 =$ ☐

⓫ $30 \div 6 =$ ☐

⓬ $12 \div 6 =$ ☐

⓭ $42 \div 6 =$ ☐

⓮ $9 \div 1 =$ ☐

⓯ $12 \div 3 =$ ☐

⓰ $20 \div 5 =$ ☐

⓱ $72 \div 9 =$ ☐

⓲ $49 \div 7 =$ ☐

⓳ $72 \div 9 =$ ☐

⓴ $3 \div 3 =$ ☐

㉑ $12 \div 4 =$ ☐

㉒ $2 \div 2 =$ ☐

㉓ $48 \div 8 =$ ☐

㉔ $7 \div 7 =$ ☐

㉕ $72 \div 8 =$ ☐

㉖ $14 \div 7 =$ ☐

㉗ $40 \div 5 =$ ☐

월 일

㉘ $6 \div 6 = \square$　㉙ $12 \div 6 = \square$　㉚ $27 \div 9 = \square$

㉛ $9 \div 1 = \square$　㉜ $16 \div 2 = \square$　㉝ $8 \div 8 = \square$

㉞ $10 \div 5 = \square$　㉟ $56 \div 8 = \square$　㊱ $28 \div 7 = \square$

㊲ $64 \div 8 = \square$　㊳ $15 \div 5 = \square$　㊴ $25 \div 5 = \square$

㊵ $54 \div 9 = \square$　㊶ $4 \div 4 = \square$　㊷ $24 \div 3 = \square$

㊸ $48 \div 6 = \square$　㊹ $54 \div 9 = \square$　㊺ $24 \div 4 = \square$

㊻ $20 \div 4 = \square$　㊼ $28 \div 7 = \square$　㊽ $9 \div 1 = \square$

㊾ $21 \div 3 = \square$　㊿ $5 \div 1 = \square$　(51) $4 \div 2 = \square$

(52) $6 \div 2 = \square$　(53) $27 \div 3 = \square$　(54) $42 \div 6 = \square$

자르는 선

# 5주 □가 있는 나눗셈

❶ $18 \div \boxed{\phantom{0}} = 2$

❷ $8 \div \boxed{\phantom{0}} = 4$

❸ $16 \div \boxed{\phantom{0}} = 4$

❹ $25 \div \boxed{\phantom{0}} = 5$

❺ $56 \div \boxed{\phantom{0}} = 8$

❻ $4 \div \boxed{\phantom{0}} = 2$

❼ $6 \div \boxed{\phantom{0}} = 6$

❽ $36 \div \boxed{\phantom{0}} = 6$

❾ $35 \div \boxed{\phantom{0}} = 5$

❿ $36 \div \boxed{\phantom{0}} = 9$

⓫ $10 \div \boxed{\phantom{0}} = 2$

⓬ $6 \div \boxed{\phantom{0}} = 1$

⓭ $56 \div \boxed{\phantom{0}} = 7$

⓮ $27 \div \boxed{\phantom{0}} = 9$

⓯ $64 \div \boxed{\phantom{0}} = 8$

⓰ $21 \div \boxed{\phantom{0}} = 3$

⓱ $24 \div \boxed{\phantom{0}} = 3$

⓲ $27 \div \boxed{\phantom{0}} = 3$

⓳ $2 \div \boxed{\phantom{0}} = 1$

⓴ $45 \div \boxed{\phantom{0}} = 5$

㉑ $7 \div \boxed{\phantom{0}} = 7$

㉒ $8 \div \boxed{\phantom{0}} = 4$

㉓ $4 \div \boxed{\phantom{0}} = 1$

㉔ $18 \div \boxed{\phantom{0}} = 6$

㉕ $48 \div \boxed{\phantom{0}} = 8$

㉖ $7 \div \boxed{\phantom{0}} = 7$

㉗ $45 \div \boxed{\phantom{0}} = 9$

월 일

㉘ $42 \div \square = 6$　㉙ $42 \div \square = 7$　㉚ $14 \div \square = 7$

㉛ $21 \div \square = 7$　㉜ $8 \div \square = 4$　㉝ $64 \div \square = 8$

㉞ $16 \div \square = 2$　㉟ $54 \div \square = 6$　㊱ $18 \div \square = 6$

㊲ $15 \div \square = 3$　㊳ $56 \div \square = 8$　㊴ $5 \div \square = 5$

㊵ $10 \div \square = 5$　㊶ $45 \div \square = 9$　㊷ $10 \div \square = 2$

㊸ $5 \div \square = 1$　㊹ $2 \div \square = 2$　㊺ $36 \div \square = 9$

㊻ $4 \div \square = 4$　㊼ $12 \div \square = 3$　㊽ $24 \div \square = 4$

㊾ $81 \div \square = 9$　㊿ $3 \div \square = 1$　(51) $21 \div \square = 3$

(52) $48 \div \square = 8$　(53) $40 \div \square = 5$　(54) $9 \div \square = 1$

자르는 선

① $15 \div 5 = \boxed{\phantom{0}}$

② $36 \div \boxed{\phantom{0}} = 9$

③ $\boxed{\phantom{0}} \div 7 = 1$

④ $18 \div 3 = \boxed{\phantom{0}}$

⑤ $12 \div \boxed{\phantom{0}} = 4$

⑥ $\boxed{\phantom{0}} \div 3 = 7$

⑦ $1 \div 1 = \boxed{\phantom{0}}$

⑧ $9 \div \boxed{\phantom{0}} = 1$

⑨ $\boxed{\phantom{0}} \div 1 = 5$

⑩ $16 \div 2 = \boxed{\phantom{0}}$

⑪ $10 \div \boxed{\phantom{0}} = 2$

⑫ $\boxed{\phantom{0}} \div 5 = 9$

⑬ $28 \div 4 = \boxed{\phantom{0}}$

⑭ $64 \div \boxed{\phantom{0}} = 8$

⑮ $\boxed{\phantom{0}} \div 8 = 3$

⑯ $45 \div 9 = \boxed{\phantom{0}}$

⑰ $12 \div \boxed{\phantom{0}} = 6$

⑱ $\boxed{\phantom{0}} \div 9 = 8$

⑲ $63 \div 7 = \boxed{\phantom{0}}$

⑳ $30 \div \boxed{\phantom{0}} = 5$

㉑ $\boxed{\phantom{0}} \div 4 = 6$

㉒ $24 \div 6 = \boxed{\phantom{0}}$

㉓ $63 \div \boxed{\phantom{0}} = 7$

㉔ $\boxed{\phantom{0}} \div 2 = 2$

㉕ $16 \div 8 = \boxed{\phantom{0}}$

㉖ $21 \div \boxed{\phantom{0}} = 3$

㉗ $\boxed{\phantom{0}} \div 6 = 4$

월 일

㉘ $12 \div 6 = \square$

㉙ $40 \div \square = 5$

㉚ $\square \div 3 = 3$

㉛ $9 \div 1 = \square$

㉜ $21 \div \square = 7$

㉝ $\square \div 2 = 4$

㉞ $56 \div 8 = \square$

㉟ $81 \div \square = 9$

㊱ $\square \div 5 = 5$

㊲ $10 \div 2 = \square$

㊳ $3 \div \square = 3$

㊴ $\square \div 9 = 6$

㊵ $9 \div 3 = \square$

㊶ $40 \div \square = 8$

㊷ $\square \div 7 = 9$

㊸ $5 \div 5 = \square$

㊹ $8 \div \square = 4$

㊺ $\square \div 8 = 1$

㊻ $36 \div 9 = \square$

㊼ $8 \div \square = 2$

㊽ $\square \div 4 = 7$

㊾ $32 \div 4 = \square$

㊿ $6 \div \square = 1$

(51) $\square \div 6 = 2$

(52) $42 \div 7 = \square$

(53) $42 \div \square = 6$

(54) $\square \div 1 = 8$

자르는 선

# 곱셈과 나눗셈

① $5 \times 9 =$ ☐　　② $72 \div 8 =$ ☐　　③ $6 \times 6 =$ ☐

④ $3 \times 1 =$ ☐　　⑤ $8 \div 1 =$ ☐　　⑥ $2 \times 3 =$ ☐

⑦ $4 \times 4 =$ ☐　　⑧ $28 \div 4 =$ ☐　　⑨ $4 \times 8 =$ ☐

⑩ $8 \times 6 =$ ☐　　⑪ $10 \div 2 =$ ☐　　⑫ $8 \times 4 =$ ☐

⑬ $9 \times 2 =$ ☐　　⑭ $42 \div 7 =$ ☐　　⑮ $3 \times 9 =$ ☐

⑯ $2 \times 5 =$ ☐　　⑰ $15 \div 5 =$ ☐　　⑱ $9 \times 1 =$ ☐

⑲ $7 \times 8 =$ ☐　　⑳ $3 \div 3 =$ ☐　　㉑ $5 \times 7 =$ ☐

㉒ $6 \times 7 =$ ☐　　㉓ $36 \div 9 =$ ☐　　㉔ $1 \times 5 =$ ☐

㉕ $1 \times 3 =$ ☐　　㉖ $12 \div 6 =$ ☐　　㉗ $7 \times 2 =$ ☐

월 일

㉘ $35 \div \square = 7$

㉙ $9 \times \square = 9$

㉚ $3 \div \square = 1$

㉛ $36 \div \square = 6$

㉜ $7 \times \square = 14$

㉝ $35 \div \square = 5$

㉞ $64 \div \square = 8$

㉟ $5 \times \square = 40$

㊱ $18 \div \square = 2$

㊲ $45 \div \square = 5$

㊳ $8 \times \square = 40$

㊴ $8 \div \square = 8$

㊵ $4 \div \square = 4$

㊶ $3 \times \square = 27$

㊷ $35 \div \square = 7$

㊸ $7 \div \square = 1$

㊹ $2 \times \square = 8$

㊺ $12 \div \square = 6$

㊻ $10 \div \square = 5$

㊼ $4 \times \square = 28$

㊽ $54 \div \square = 9$

㊾ $27 \div \square = 9$

㊿ $1 \times \square = 6$

(51) $16 \div \square = 4$

(52) $12 \div \square = 3$

(53) $6 \times \square = 18$

(54) $24 \div \square = 3$

자르는 선

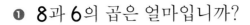

# 8주 곱셈과 나눗셈 문장제

❶ 8과 6의 곱은 얼마입니까?

☐ × ☐ = ☐

❷ 소희네 반은 한 모둠에 4명씩 6모둠이 있습니다. 소희네 반 학생들은 모두 몇 명입니까?

☐ × ☐ = ☐ (명)

❸ 농구 시합에 필요한 선수는 한 팀당 5명입니다. 5팀이 시합에 참가했습니다. 모두 몇 명이 시합에 참가했습니까?

☐ × ☐ = ☐ (명)

❹ 오렌지가 한 봉지에 7개씩 8봉지가 있습니다. 오렌지는 모두 몇 개 있습니까?

☐ × ☐ = ☐ (개)

❺ 8명이 연필을 똑같이 4자루씩 가지려면 연필이 몇 자루 필요합니까?

☐ × ☐ = ☐ (자루)

❻ 운동장에 학생들이 한 줄에 8명씩 6줄로 서 있습니다. 운동장에 줄을 선 학생은 모두 몇 명입니까?

☐ × ☐ = ☐ (명)

자르는 선

월    일

❼ 32를 4로 나눈 몫은 얼마입니까?

☐ ÷ ☐ = ☐

❽ 학생 28명을 4명씩 한 모둠으로 만들면 몇 모둠이 됩니까?

☐ ÷ ☐ = ☐ (모둠)

❾ 야구 시합에 필요한 선수는 한 팀당 9명입니다. 야구 선수 36명으로 야구팀을 몇 팀 만들 수 있습니까?

☐ ÷ ☐ = ☐ (팀)

❿ 사과 54개를 한 봉지에 6개씩 담으면 몇 봉지가 됩니까?

☐ ÷ ☐ = ☐ (봉지)

⓫ 클립 63개를 학생 7명이 똑같이 나누어 가지려고 합니다. 한 학생이 클립을 몇 개씩 가질 수 있습니까?

☐ ÷ ☐ = ☐ (개)

⓬ 운동장에 학생 28명이 한 줄에 4명씩 서 있습니다. 학생들은 몇 줄로 서 있습니까?

☐ ÷ ☐ = ☐ (줄)

자르는 선

# 정 답

❶ 4,4,4,4　❷ 4,4,4,4　❸ 5,5,5,5　❹ 8,8,8,8　❺ 3,3,3,3
❻ 5,5,5,5　❼ 4,4,4,4　❽ 6,6,6,6

❶ 8,6　❷ 2,3　❸ 9,8　❹ 7,5　❺ 7,9　❻ 7,3　❼ 7,4　❽ 4,5　❾ 2,7　❿ 6,5　⓫ 5,9　⓬ 8,4
⓭ 9,4　⓮ 4,2　⓯ 3,4　⓰ 4,5　⓱ 7,8　⓲ 6,9　⓳ 4,7　⓴ 7,6　㉑ 8,5　㉒ 6,5　㉓ 3,8　㉔ 8,7

❶8　❷1　❸5　❹7　❺7　❻2　❼5　❽4　❾7　❿4　⓫8　⓬6
⓭3　⓮3　⓯4　⓰6　⓱6　⓲1　⓳9　⓴9　㉑3　㉒7　㉓4　㉔6
㉕4　㉖7　㉗4　㉘9　㉙3　㉚2　㉛6　㉜5　㉝5　㉞2　㉟1　㊱7
㊲8　㊳8　㊴9　㊵1　㊶6　㊷3

❶6　❷4　❸9　❹5　❺3　❻6　❼2　❽7　❾5　❿3　⓫5　⓬2
⓭7　⓮9　⓯4　⓰4　⓱8　⓲7　⓳8　⓴1　㉑3　㉒1　㉓6　㉔1
㉕9　㉖2　㉗8　㉘1　㉙2　㉚3　㉛9　㉜8　㉝1　㉞2　㉟7　㊱4
㊲8　㊳3　㊴5　㊵6　㊶1　㊷8　㊸8　㊹6　㊺6　㊻5　㊼4　㊽9
㊾7　㊿5　51 2　52 3　53 9　54 7

❶9　❷2　❸4　❹5　❺7　❻2　❼1　❽6　❾7　❿4　⓫5　⓬6
⓭8　⓮3　⓯8　⓰7　⓱8　⓲9　⓳2　⓴9　㉑1　㉒2　㉓4　㉔3
㉕6　㉖1　㉗5　㉘7　㉙6　㉚2　㉛3　㉜2　㉝8　㉞8　㉟9　㊱3
㊲5　㊳7　㊴1　㊵2　㊶5　㊷5　㊸5　㊹1　㊺4　㊻1　㊼4　㊽6
㊾9　㊿3　51 7　52 6　53 8　54 9

❶3　❷4　❸7　❹6　❺3　❻21　❼1　❽9　❾5　❿8　⓫5　⓬45
⓭7　⓮8　⓯24　⓰5　⓱2　⓲72　⓳9　⓴6　㉑24　㉒4　㉓9　㉔4
㉕2　㉖7　㉗24　㉘2　㉙8　㉚9　㉛9　㉜3　㉝8　㉞7　㉟9　㊱25
㊲5　㊳1　㊴54　㊵3　㊶5　㊷63　㊸1　㊹2　㊺8　㊻4　㊼4　㊽28
㊾8　㊿6　51 12　52 6　53 7　54 8

❶45　❷9　❸36　❹3　❺8　❻6　❼16　❽7　❾32　❿48　⓫5　⓬32
⓭18　⓮6　⓯27　⓰10　⓱3　⓲9　⓳56　⓴1　㉑35　㉒42　㉓4　㉔5
㉕3　㉖2　㉗14　㉘5　㉙1　㉚3　㉛6　㉜2　㉝7　㉞8　㉟8　㊱9
㊲9　㊳5　㊴1　㊵1　㊶9　㊷5　㊸7　㊹4　㊺2　㊻2　㊼7　㊽6
㊾3　㊿6　51 4　52 4　53 3　54 8

❶8,6,48　❷4,6,24　❸5,5,25　❹7,8,56　❺8,4,32　❻8,6,48
❼32,4,8　❽28,4,7　❾36,9,4　❿54,6,9　⓫63,7,9　⓬28,4,7

# 사고셈

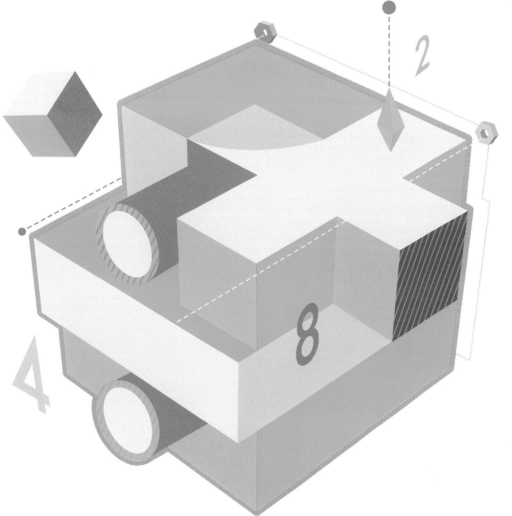

초등2 4호

# 이 책의 **구성과 특징**

생각의 힘을 키우는 사고(思考)셈은 1주 4개, 8주 32개의 사고력 유형 학습을 통해 수와 연산에 대한 개념의 응용력(추론 및 문제해결능력)을 키울 수 있도록 하였습니다.

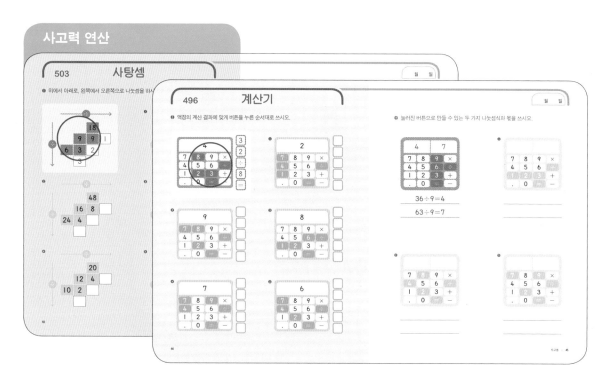

⊕ 대표 사고력 유형으로 연산 원리를 쉽게쉽게
⊕ 1~4일차: 다양한 유형의 주 진도 학습

⊕ 5일차 점검 학습: 주 진도 학습 확인

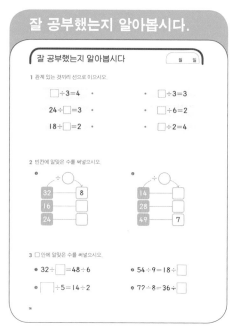

## ○ 권두부록 (기본연산 Check-Book)

### 기본연산 Check-Book

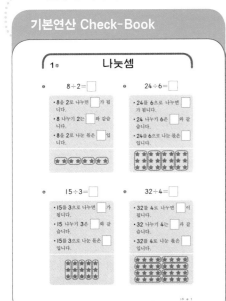

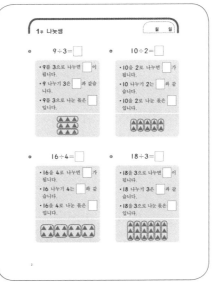

● 본 학습 전 기본연산 실력 진단

## ○ 권말부록 (G-Book)

### Guide Book(정답 및 해설)

● 문제와 답을 한 눈에!

● 상세한 풀이와 친절한 해설, 답

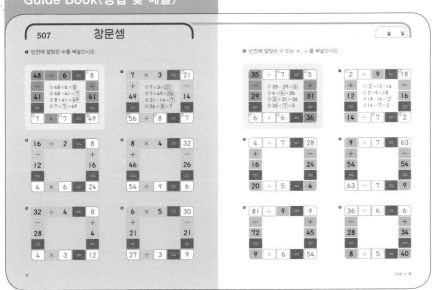

# 학습 효과 및 활용법

## ▲ 학습 효과

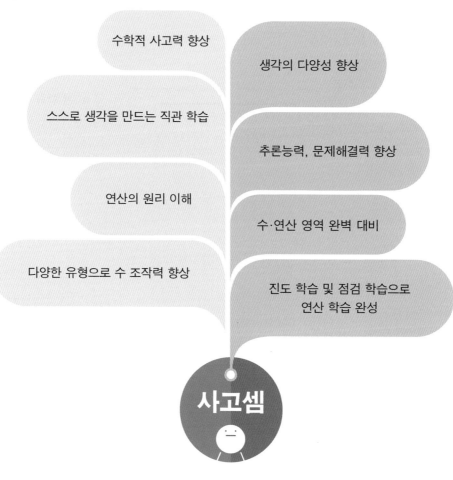

수학적 사고력 향상

생각의 다양성 향상

스스로 생각을 만드는 직관 학습

추론능력, 문제해결력 향상

연산의 원리 이해

수·연산 영역 완벽 대비

다양한 유형으로 수 조작력 향상

진도 학습 및 점검 학습으로
연산 학습 완성

사고셈

## ▲ 주차별 활용법

**1단계**
기본연산
Check-Book으로
준비 학습

**2단계**
사고력 유형으로
진도 학습

**3단계**
마무리 문제로
점검 학습

**1단계** : 기본연산 Check-Book으로 사고력 연산을 위한 준비 학습을 합니다.
**2단계** : 사고력 유형으로 사고력 연산의 진도 학습을 합니다.
**3단계** : 한 주마다 점검 학습(잘 공부했는지 알아봅시다)으로 사고력 향상을 확인합니다.

# 학습 구성

## 6세

| | |
|---|---|
| **1호** | 10까지의 수 |
| **2호** | 더하기 빼기 1과 2 |
| **3호** | 합이 9까지인 덧셈 |
| **4호** | 한 자리 수의 뺄셈과 세 수의 계산 |

## 7세

| | |
|---|---|
| **1호** | 한 자리 수의 덧셈과 뺄셈 |
| **2호** | 10 만들기 |
| **3호** | 50까지의 수 |
| **4호** | 더하기 빼기 1과 2, 10과 20 |

## 초등 1

| | |
|---|---|
| **1호** | 덧셈구구 |
| **2호** | 뺄셈구구와 덧셈, 뺄셈 혼합 |
| **3호** | 100까지의 수, 1000까지의 수 |
| **4호** | 받아올림, 받아내림 없는 두 자리 수의 계산 |

## 초등 2

| | |
|---|---|
| **1호** | 두 자리 수와 한 자리 수의 덧셈과 뺄셈 |
| **2호** | 두 자리 수의 덧셈과 뺄셈 |
| **3호** | 곱셈구구 |
| **4호** | 곱셈과 나눗셈 구구 |

## 초등 3

| | |
|---|---|
| **1호** | 세·네 자리 수의 덧셈과 뺄셈 |
| **2호** | 분수와 소수의 기초 |
| **3호** | 두 자리 수의 곱셈과 나눗셈 |
| **4호** | 분수 |

## 초등 4

| | |
|---|---|
| **1호** | 분수의 덧셈과 뺄셈 |
| **2호** | 혼합 계산 |
| **3호** | 소수의 덧셈과 뺄셈 |
| **4호** | 어림하기 |

# 이 책의 학습 로드맵

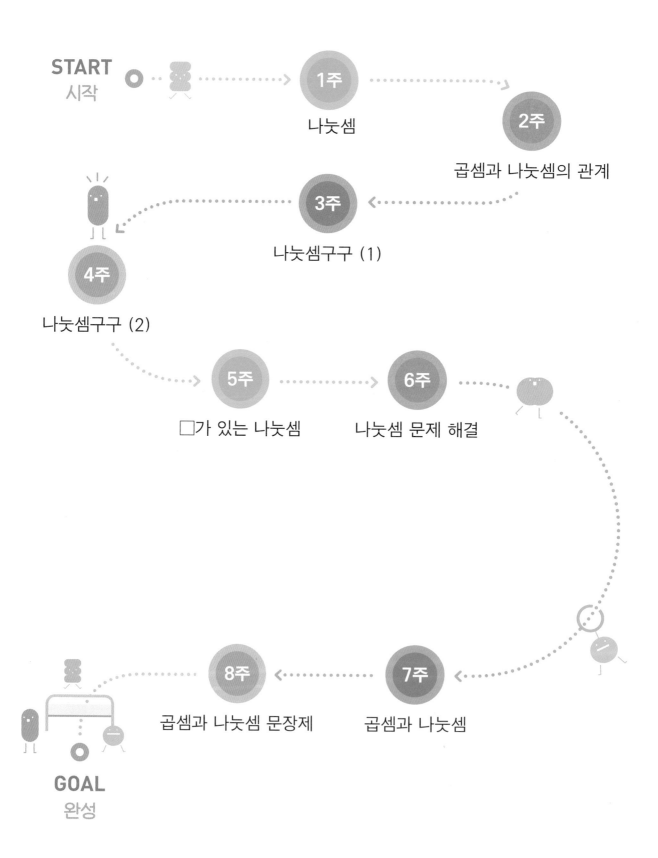

START
시작

1주
나눗셈

2주
곱셈과 나눗셈의 관계

3주
나눗셈구구 (1)

4주
나눗셈구구 (2)

5주
□가 있는 나눗셈

6주
나눗셈 문제 해결

7주
곱셈과 나눗셈

8주
곱셈과 나눗셈 문장제

GOAL
완성

# 1 나눗셈

# 똑같이 나누기

● ● 안의 수만큼 나누고, 빈칸에 알맞은 수를 써넣으시오.

20은 **4** 씩 **5** 묶음

❶

15는 **3** 씩 ☐ 묶음

❷

24는 **6** 씩 ☐ 묶음

❸

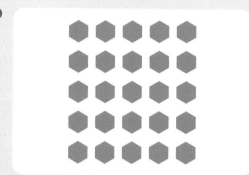

25는 **5** 씩 ☐ 묶음

❹

16은 **2** 씩 ☐ 묶음

❺

32는 **8** 씩 ☐ 묶음

➕ ● 안의 수만큼 나누고, 빈칸에 알맞은 수를 써넣으시오.

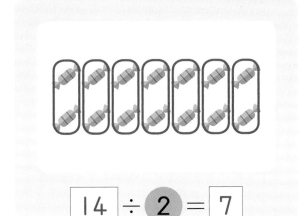

$$14 \div 2 = 7$$

❶

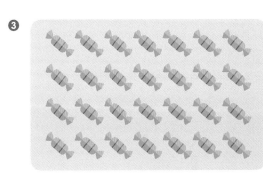

$$\boxed{\phantom{0}} \div 3 = \boxed{\phantom{0}}$$

❷

$$\boxed{\phantom{0}} \div 6 = \boxed{\phantom{0}}$$

❸

$$\boxed{\phantom{0}} \div 4 = \boxed{\phantom{0}}$$

❹

$$\boxed{\phantom{0}} \div 2 = \boxed{\phantom{0}}$$

❺

$$\boxed{\phantom{0}} \div 5 = \boxed{\phantom{0}}$$

● 그림을 보고 빼셈식과 나눗셈식을 쓰시오.

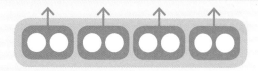

$8 - \boxed{2} - \boxed{2} - \boxed{2} - \boxed{2} = 0$

$8 \div \boxed{2} = \boxed{4}$

❶

$12 - \boxed{\phantom{0}} - \boxed{\phantom{0}} - \boxed{\phantom{0}} - \boxed{\phantom{0}} = 0$

$12 \div \boxed{\phantom{0}} = \boxed{\phantom{0}}$

❷

$12 - \boxed{\phantom{0}} - \boxed{\phantom{0}} - \boxed{\phantom{0}} = 0$

$12 \div \boxed{\phantom{0}} = \boxed{\phantom{0}}$

❸

$20 - \boxed{\phantom{0}} - \boxed{\phantom{0}} - \boxed{\phantom{0}} - \boxed{\phantom{0}} = 0$

$20 \div \boxed{\phantom{0}} = \boxed{\phantom{0}}$

❹

$24 - \boxed{\phantom{0}} - \boxed{\phantom{0}} - \boxed{\phantom{0}} - \boxed{\phantom{0}} = 0$

$24 \div \boxed{\phantom{0}} = \boxed{\phantom{0}}$

✦ 빨셈식을 나눗셈식으로 나타내시오.

$12-3-3-3-3=0$  →  $12 \div 3 = 4$

❶ $16-4-4-4-4=0$  →

❷ $24-8-8-8=0$  →

✦ 나눗셈식을 빨셈식으로 나타내시오.

$21 \div 7 = 3$  →  $21-7-7-7=0$

❸ $8 \div 2 = 4$  →

❹ $20 \div 4 = 5$  →

# 세로셈

● 나눗셈을 세로 형식으로 쓰시오.

$24 \div 3 = 8$

→
```
      8
  3 ) 2 4
```

**①** $36 \div 4 = 9$

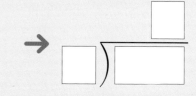

**②** $72 \div 9 = 8$

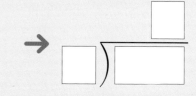

**③** $42 \div 6 = 7$

**④** $48 \div 8 = 6$

**⑤** $24 \div 8 = 3$

**⑥** $32 \div 4 = 8$

**⑦** $49 \div 7 = 7$

**⑧** $18 \div 6 = 3$

**⑨** $27 \div 3 = 9$

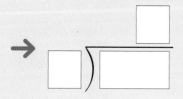

**⑩** $35 \div 5 = 7$

**⑪** $30 \div 6 = 5$

✤ 나눗셈식을 세로 형식으로 쓰고 몫을 구하시오.

$42 \div 7 = \boxed{6}$

$$7 \overline{)42} \; {}^{6}$$

❶ $12 \div 4 = \boxed{\phantom{0}}$

❷ $20 \div 5 = \boxed{\phantom{0}}$

❸ $63 \div 7 = \boxed{\phantom{0}}$

❹ $56 \div 7 = \boxed{\phantom{0}}$

❺ $27 \div 3 = \boxed{\phantom{0}}$

❻ $35 \div 5 = \boxed{\phantom{0}}$

❼ $72 \div 8 = \boxed{\phantom{0}}$

❽ $25 \div 5 = \boxed{\phantom{0}}$

◑ 가로, 세로로 한 줄씩 묶고 나눗셈식으로 나타내시오.

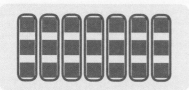 $21 \div \boxed{3} = \boxed{7}$ $21 \div \boxed{7} = \boxed{3}$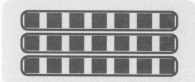

❶  $32 \div \boxed{\phantom{0}} = \boxed{\phantom{0}}$ $32 \div \boxed{\phantom{0}} = \boxed{\phantom{0}}$

❷ 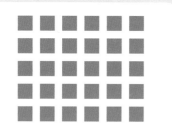 $30 \div \boxed{\phantom{0}} = \boxed{\phantom{0}}$ $30 \div \boxed{\phantom{0}} = \boxed{\phantom{0}}$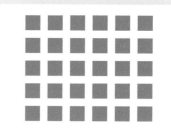

❸  $28 \div \boxed{\phantom{0}} = \boxed{\phantom{0}}$ $28 \div \boxed{\phantom{0}} = \boxed{\phantom{0}}$

➕ 묶는 방법을 다르게 하여 나누고, 나눗셈식으로 나타내시오.

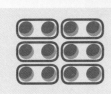

$12 \div \boxed{2} = \boxed{6}$

$12 \div \boxed{3} = \boxed{4}$

$12 \div \boxed{4} = \boxed{3}$

$12 \div \boxed{6} = \boxed{2}$

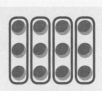

❶

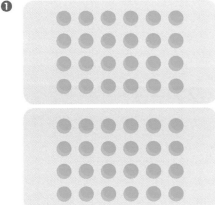

$24 \div \boxed{\phantom{0}} = \boxed{\phantom{0}}$

$24 \div \boxed{\phantom{0}} = \boxed{\phantom{0}}$

$24 \div \boxed{\phantom{0}} = \boxed{\phantom{0}}$

$24 \div \boxed{\phantom{0}} = \boxed{\phantom{0}}$

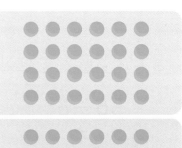

❷

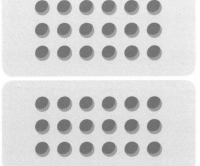

$18 \div \boxed{\phantom{0}} = \boxed{\phantom{0}}$

$18 \div \boxed{\phantom{0}} = \boxed{\phantom{0}}$

$18 \div \boxed{\phantom{0}} = \boxed{\phantom{0}}$

$18 \div \boxed{\phantom{0}} = \boxed{\phantom{0}}$

**1** 바둑돌이 **18**개 있습니다. 물음에 답하시오.

❶ **3**개씩 나누어 보시오. **3**개씩 모두 몇 묶음입니까?

❷ **2**개씩 나누어 보시오. **2**개씩 모두 몇 묶음입니까?

❸ **6**개씩 나누어 보시오. **6**개씩 모두 몇 묶음입니까?

**2** 다음 나눗셈을 세로 형식으로 나타내고, 몫을 구하시오.

❶    **56 ÷ 8**

➜

❷    **27 ÷ 3**

➜

**3** 뺄셈식은 나눗셈식으로, 나눗셈식은 뺄셈식으로 나타내시오.

❶    $40 - 8 - 8 - 8 - 8 - 8 = 0$    ➜ _____

❷    $35 \div 7 = 5$    ➜ _____

# 2 곱셈과 나눗셈의 관계

# 그림 보고 식 만들기

● 그림을 보고 □ 안에 알맞은 수를 써넣으시오.

곱셈식 $3 \times 6 = 18$

$6 \times 3 = 18$

나눗셈식 $18 \div 3 = 6$

$18 \div 6 = 3$

❶

곱셈식 $\square \times \square = \square$

$\square \times \square = \square$

나눗셈식 $\square \div \square = \square$

$\square \div \square = \square$

❷

곱셈식 $\square \times \square = \square$

$\square \times \square = \square$

나눗셈식 $\square \div \square = \square$

$\square \div \square = \square$

❸

곱셈식 $\square \times \square = \square$

$\square \times \square = \square$

나눗셈식 $\square \div \square = \square$

$\square \div \square = \square$

● 그림을 이용하여 곱셈식과 나눗셈식을 각각 두 개씩 만드시오.

$3 \times 8 = 24$

$8 \times 3 = 24$

$24 \div 3 = 8$

$24 \div 8 = 3$

❶

❷

# 486 곱셈과 나눗셈의 관계

● 곱셈식을 보고 나눗셈식을 두 개 만드시오.

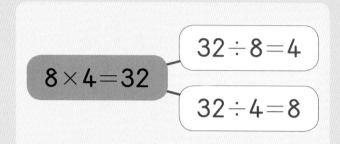

**❶**

$6 \times 7 = 42$

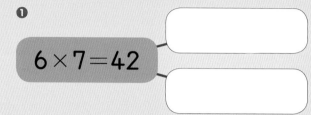

**❷**

$9 \times 5 = 45$

**❸**

$7 \times 3 = 21$

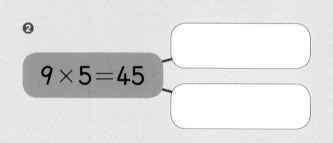
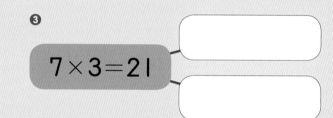

● 나눗셈식을 보고 곱셈식을 두 개 만드시오.

$$35 \div 5 = 7 \qquad 5 \times 7 = 35 \qquad 7 \times 5 = 35$$

**❹**

$48 \div 6 = 8$

**❺**

$72 \div 9 = 8$

**❻**

$36 \div 9 = 4$

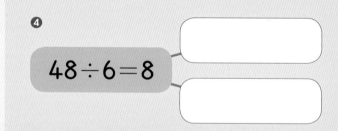

➕ 주어진 수를 사용하여 곱셈식과 나눗셈식을 각각 두 개씩 만드시오.

$7 \times 8 = 56$

$8 \times 7 = 56$

8　56　7

$56 \div 7 = 8$

$56 \div 8 = 7$

❶ $\square \times \square = \square$

$\square \times \square = \square$

4　12　3

$\square \div \square = \square$

$\square \div \square = \square$

❷ $\square \times \square = \square$

$\square \times \square = \square$

9　18　2

$\square \div \square = \square$

$\square \div \square = \square$

❸ $\square \times \square = \square$

$\square \times \square = \square$

3　8　24

$\square \div \square = \square$

$\square \div \square = \square$

❹ $\square \times \square = \square$

$\square \times \square = \square$

63　9　7

$\square \div \square = \square$

$\square \div \square = \square$

# 카드 관계셈

● 숫자 카드를 모두 사용하여 곱셈식 또는 나눗셈식을 완성하시오.

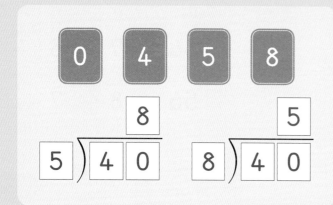

**①**

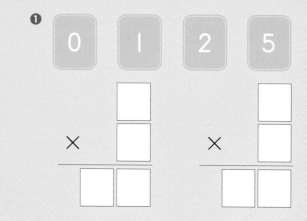

**②**

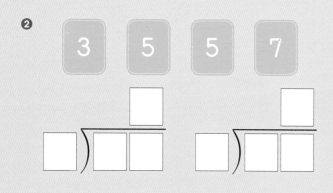

**③**

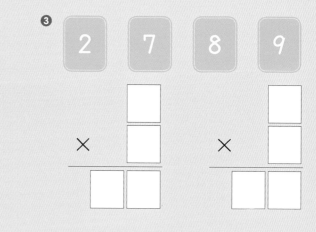

**④**

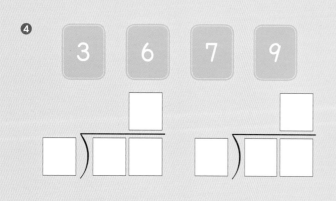

**⑤**

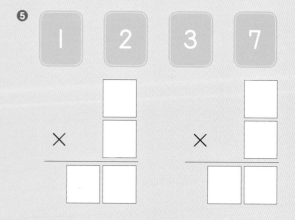

⊕ 숫자 카드를 모두 사용하여 곱셈식과 나눗셈식을 각각 두 개씩 만들어 보시오.

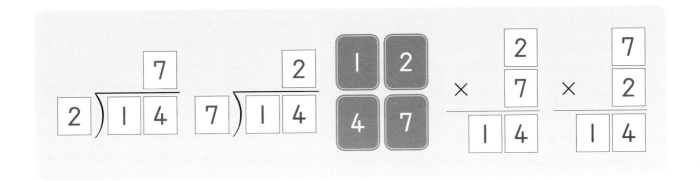

**❶**

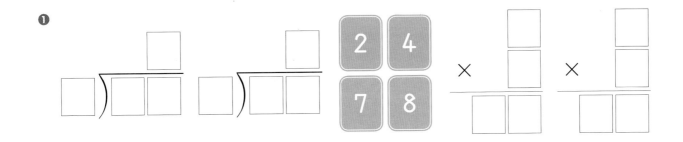

**❷**

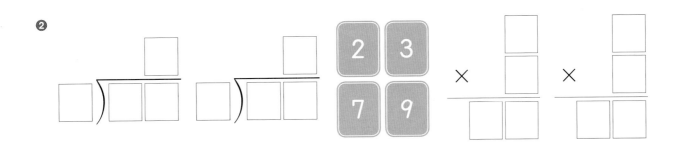

**❸**

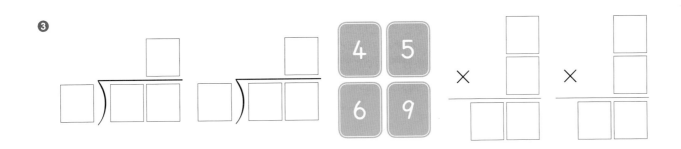

# 488 곱셈식에서 나눗셈의 몫

● 곱셈식을 보고 나눗셈식을 만드시오.

$8 \times 7 = 56$

$56 \div \boxed{8} = \boxed{7}$

$56 \div \boxed{7} = \boxed{8}$

❶ $2 \times 9 = 18$

$18 \div \boxed{\phantom{0}} = \boxed{\phantom{0}}$

$18 \div \boxed{\phantom{0}} = \boxed{\phantom{0}}$

❷ $4 \times 8 = 32$

$32 \div \boxed{\phantom{0}} = \boxed{\phantom{0}}$

$32 \div \boxed{\phantom{0}} = \boxed{\phantom{0}}$

❸ $6 \times 9 = 54$

$54 \div \boxed{\phantom{0}} = \boxed{\phantom{0}}$

$54 \div \boxed{\phantom{0}} = \boxed{\phantom{0}}$

❹ $7 \times 5 = 35$

$35 \div \boxed{\phantom{0}} = \boxed{\phantom{0}}$

$35 \div \boxed{\phantom{0}} = \boxed{\phantom{0}}$

❺ $5 \times 8 = 40$

$40 \div \boxed{\phantom{0}} = \boxed{\phantom{0}}$

$40 \div \boxed{\phantom{0}} = \boxed{\phantom{0}}$

❻ $9 \times 3 = 27$

$27 \div \boxed{\phantom{0}} = \boxed{\phantom{0}}$

$27 \div \boxed{\phantom{0}} = \boxed{\phantom{0}}$

❼ $3 \times 6 = 18$

$18 \div \boxed{\phantom{0}} = \boxed{\phantom{0}}$

$18 \div \boxed{\phantom{0}} = \boxed{\phantom{0}}$

◆ ☐ 안에 알맞은 수를 써넣으시오.

$$8 \times \boxed{5} = 40 \qquad \longleftrightarrow \qquad 40 \div 8 = \boxed{5}$$

❶ $7 \times \boxed{\phantom{0}} = 42 \qquad \longleftrightarrow \qquad 42 \div 7 = \boxed{\phantom{0}}$

❷ $4 \times \boxed{\phantom{0}} = 36 \qquad \longleftrightarrow \qquad 36 \div 4 = \boxed{\phantom{0}}$

❸ $6 \times \boxed{\phantom{0}} = 54 \qquad \longleftrightarrow \qquad 54 \div 6 = \boxed{\phantom{0}}$

❹ $9 \times \boxed{\phantom{0}} = 63 \qquad \longleftrightarrow \qquad 63 \div 9 = \boxed{\phantom{0}}$

❺ $5 \times \boxed{\phantom{0}} = 40 \qquad \longleftrightarrow \qquad 40 \div 5 = \boxed{\phantom{0}}$

❻ $3 \times \boxed{\phantom{0}} = 18 \qquad \longleftrightarrow \qquad 18 \div 3 = \boxed{\phantom{0}}$

**1** 그림을 곱셈식과 나눗셈식으로 나타내시오.

곱셈식 $\boxed{\phantom{0}} \times \boxed{\phantom{0}} = \boxed{\phantom{0}}$　　　　나눗셈식 $\boxed{\phantom{0}} \div \boxed{\phantom{0}} = \boxed{\phantom{0}}$

$\boxed{\phantom{0}} \times \boxed{\phantom{0}} = \boxed{\phantom{0}}$　　　　　　　　$\boxed{\phantom{0}} \div \boxed{\phantom{0}} = \boxed{\phantom{0}}$

**2** 나눗셈의 몫을 구한 다음, 나눗셈식을 보고 곱셈식 두 개를 만들어 보시오.

$24 \div 3 = \boxed{\phantom{0}}$

_____

_____

**3** ☐ 안에 알맞은 수를 써넣으시오.

❶ $48 \div 8 = \boxed{\phantom{0}}$　　　⟷　　　$8 \times \boxed{\phantom{0}} = 48$

❷ $63 \div 9 = \boxed{\phantom{0}}$　　　⟷　　　$9 \times \boxed{\phantom{0}} = 63$

# 3 나눗셈구구 (1)

# 갈림길

● 계산에 맞게 선을 그으시오.

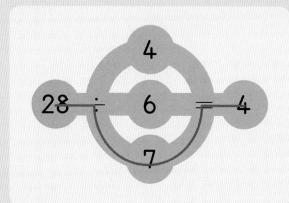

28 ÷ 6 = 4
(4, 6, 7)

❶ 48 ÷ 7 = 6
(6, 7, 8)

❷ 63 ÷ 9 = 7
(8, 9, 7)

❸ 54 ÷ 6 = 6
(3, 6, 9)

❹ 25 ÷ 4 = 5
(5, 4, 6)

❺ 42 ÷ 6 = 7
(7, 6, 8)

❻ 15 ÷ 5 = 5
(3, 5, 7)

❼ 12 ÷ 2 = 6
(3, 2, 6)

● 계산에 맞게 빈칸에 알맞은 수를 써넣으시오.

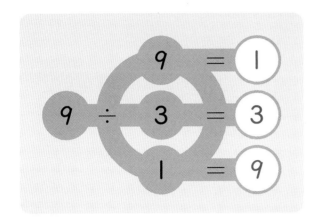

$9 \div 9 = 1$
$9 \div 3 = 3$
$9 \div 1 = 9$

❶
$24 \div 3 = $
$24 \div 4 = $
$24 \div 6 = $

❷
$36 \div 4 = $
$36 \div 6 = $
$36 \div 9 = $

❸
$18 \div 2 = $
$18 \div 6 = $
$18 \div 9 = $

❹
$12 \div 2 = $
$12 \div 3 = $
$12 \div 4 = $

❺
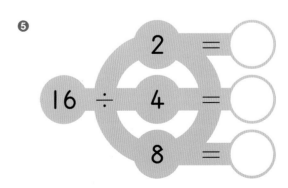
$16 \div 2 = $
$16 \div 4 = $
$16 \div 8 = $

# 잎새 따기

● 계산 결과가 ⬤ 안의 수와 다른 것을 찾아 /로 잎새를 따시오.

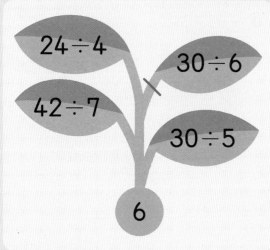

**①**

$12 \div 6$  $14 \div 2$  $18 \div 9$  $4 \div 2$

2

**②**

$56 \div 8$  $56 \div 7$  $42 \div 6$  $49 \div 7$

7

**③**

$36 \div 9$  $20 \div 5$  $28 \div 7$  $24 \div 4$

4

**④**

$40 \div 5$  $72 \div 9$  $21 \div 3$  $64 \div 8$

8

**⑤**

$15 \div 5$  $16 \div 8$  $24 \div 8$  $27 \div 9$

3

✚ 계산 결과가 다른 하나를 찾아 /로 잎새를 따시오.

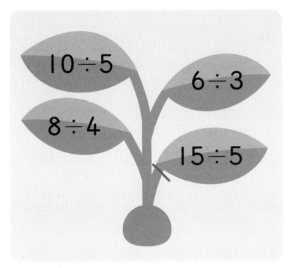

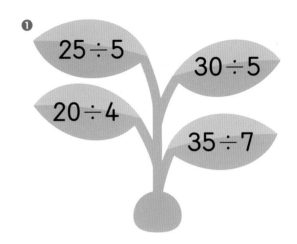

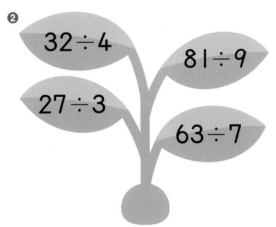

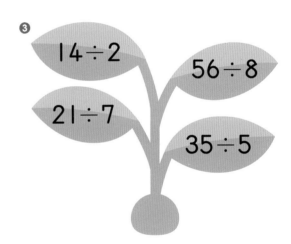

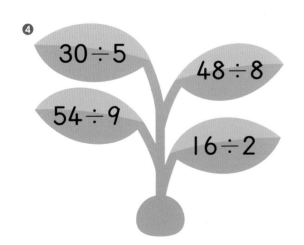

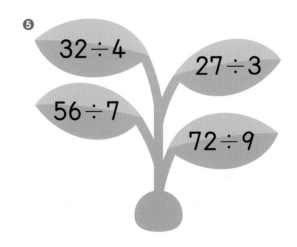

# 다리 잇기

● 계산을 한 다음 알맞게 선으로 이으시오.

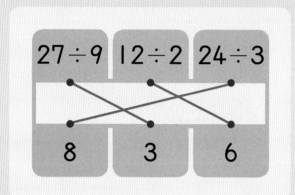

**1**

| 42÷6 | 36÷6 | 15÷3 |
|------|------|------|
| 7 | 5 | 6 |

**2**

| 32÷8 | 9÷9 | 18÷2 |
|------|------|------|
| 1 | 9 | 4 |

**3**

| 18÷9 | 72÷9 | 27÷9 |
|------|------|------|
| 2 | 8 | 3 |

**4**

| 24÷4 | 28÷4 | 36÷4 |
|------|------|------|
| 7 | 6 | 9 |

**5**

| 18÷6 | 25÷5 | 16÷4 |
|------|------|------|
| 4 | 3 | 5 |

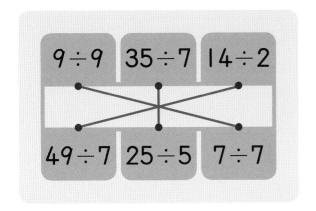

계산 결과가 같은 것끼리 선으로 이으시오.

| | |
|---|---|
| $9 \div 9$ $\quad$ $35 \div 7$ $\quad$ $14 \div 2$ | |
| $49 \div 7$ $\quad$ $25 \div 5$ $\quad$ $7 \div 7$ | |

❶
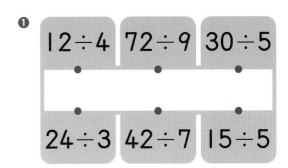

$12 \div 4$ $\quad$ $72 \div 9$ $\quad$ $30 \div 5$

$24 \div 3$ $\quad$ $42 \div 7$ $\quad$ $15 \div 5$

❷

$18 \div 6$ $\quad$ $14 \div 7$ $\quad$ $12 \div 2$

$30 \div 5$ $\quad$ $12 \div 4$ $\quad$ $6 \div 3$

❸
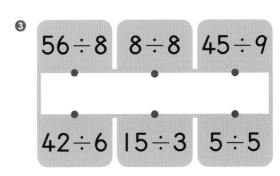

$56 \div 8$ $\quad$ $8 \div 8$ $\quad$ $45 \div 9$

$42 \div 6$ $\quad$ $15 \div 3$ $\quad$ $5 \div 5$

❹
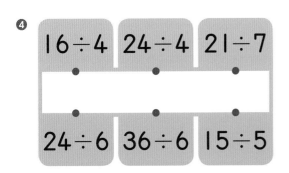

$16 \div 4$ $\quad$ $24 \div 4$ $\quad$ $21 \div 7$

$24 \div 6$ $\quad$ $36 \div 6$ $\quad$ $15 \div 5$

❺
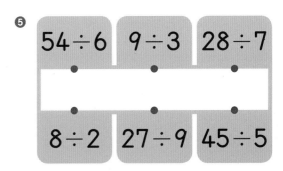

$54 \div 6$ $\quad$ $9 \div 3$ $\quad$ $28 \div 7$

$8 \div 2$ $\quad$ $27 \div 9$ $\quad$ $45 \div 5$

# 상자셈

● ● 안의 수가 몫이 되는 나눗셈식을 두 개 찾아 색칠하시오.

**4**

| 8÷2 | 9÷3 | 24÷8 |
|---|---|---|
| 30÷5 | 72÷9 | 16÷4 |

❶ **7**

| 16÷2 | 21÷3 | 24÷6 |
|---|---|---|
| 42÷7 | 40÷5 | 35÷5 |

❷ **6**

| 28÷4 | 24÷6 | 12÷2 |
|---|---|---|
| 15÷3 | 36÷6 | 18÷2 |

❸ **3**

| 16÷4 | 12÷3 | 27÷9 |
|---|---|---|
| 28÷7 | 9÷3 | 63÷7 |

❹ **5**

| 40÷5 | 30÷6 | 42÷7 |
|---|---|---|
| 81÷9 | 12÷6 | 45÷9 |

❺ **8**

| 16÷2 | 40÷8 | 49÷7 |
|---|---|---|
| 35÷7 | 64÷8 | 28÷7 |

➕ ● 안의 수가 몫이 되는 나눗셈식을 모두 찾아 색칠하시오.

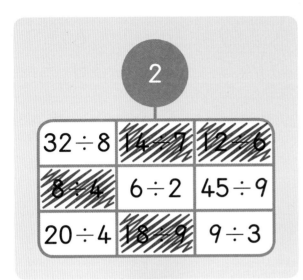

**2**

| 32÷8 | ~~14÷7~~ | ~~12÷6~~ |
|---|---|---|
| ~~8÷4~~ | 6÷2 | 45÷9 |
| 20÷4 | ~~18÷9~~ | 9÷3 |

**❶** **9**

| 10÷2 | 14÷7 | 24÷6 |
|---|---|---|
| 18÷2 | 27÷3 | 81÷9 |
| 28÷4 | 63÷9 | 32÷8 |

**❷** **7**

| 18÷3 | 72÷8 | 56÷8 |
|---|---|---|
| 42÷7 | 14÷2 | 35÷5 |
| 32÷8 | 72÷8 | 63÷9 |

**❸** **4**

| 8÷4 | 16÷4 | 12÷6 |
|---|---|---|
| 36÷4 | 28÷7 | 54÷9 |
| 36÷9 | 20÷5 | 6÷3 |

**❹** **4**

| 21÷7 | 36÷9 | 20÷4 |
|---|---|---|
| 36÷6 | 20÷5 | 12÷3 |
| 14÷2 | 32÷8 | 8÷8 |

**❺** **6**

| 54÷9 | 12÷3 | 42÷7 |
|---|---|---|
| 48÷8 | 16÷2 | 40÷5 |
| 18÷3 | 54÷6 | 36÷4 |

**1** 나눗셈의 몫을 바르게 구한 것에 모두 ◯표 하시오.

$$
\begin{array}{r} 80 \\ 4\overline{)32} \end{array}
\qquad
\begin{array}{r} 6 \\ 6\overline{)42} \end{array}
\qquad
\begin{array}{r} 7 \\ 7\overline{)49} \end{array}
\qquad
\begin{array}{r} 6 \\ 5\overline{)30} \end{array}
$$

**2** ◯ 안에 >, =, < 를 알맞게 써넣으시오.

❶ $24 \div 3$ ◯ $72 \div 9$ 　　❷ $30 \div 6$ ◯ $24 \div 6$

❸ $36 \div 6$ ◯ $36 \div 9$ 　　❹ $56 \div 7$ ◯ $18 \div 2$

**3** 빈칸에 알맞은 수를 써넣으시오.

❶

| 12 | 16 | 8 | 10 |
|----|----|---|----|
| 6 |    |   |    |

÷2

❷

| 35 | 42 | 63 | 56 |
|----|----|----|----|
| 5 |    |    |    |

÷7

36

# 4 나눗셈구구 (2)

# 카드셈

● 숫자 카드를 한 번씩 모두 사용하여 나눗셈식을 만드시오.

2  4  7  8  →  $28 \div 4 = 7$
$28 \div 7 = 4$

**1**  1  2  3  4  →  ☐☐ $\div$ ☐ $=$ ☐
☐☐ $\div$ ☐ $=$ ☐

**2**  5  6  7  8  →  ☐☐ $\div$ ☐ $=$ ☐
☐☐ $\div$ ☐ $=$ ☐

**3**  3  4  6  9  →  ☐☐ $\div$ ☐ $=$ ☐
☐☐ $\div$ ☐ $=$ ☐

**4**  1  2  6  8  →  ☐☐ $\div$ ☐ $=$ ☐
☐☐ $\div$ ☐ $=$ ☐

♦ 숫자 카드를 한 번씩 모두 사용하여 나눗셈식을 두 개 만드시오.

| 4 | 5 | 6 | 9 | → | $54 \div 6 = 9, \ 54 \div 9 = 6$ |

**❶** | 2 | 7 | 8 | 9 | →

**❷** | 1 | 3 | 6 | 8 | →

**❸** | 2 | 3 | 7 | 9 | →

**❹** | 1 | 2 | 8 | 9 | →

**❺** | 2 | 4 | 6 | 7 | →

# 양과녁셈

● 왼쪽 과녁판의 점수를 오른쪽 과녁판의 점수로 나눈 몫을 쓰시오.

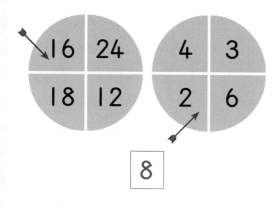

8

❶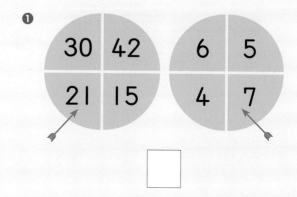

❷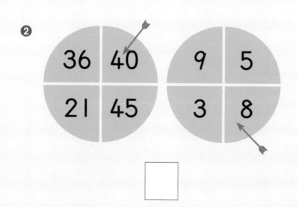

❸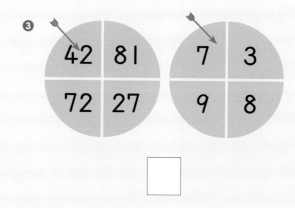

❹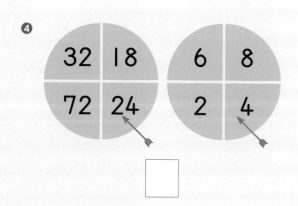

❺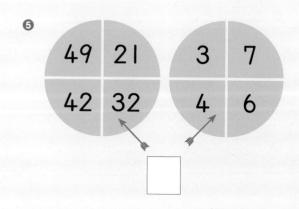

✛ ▨ 안의 수에 맞게 화살이 꽂힐 자리 두 군데에 ×표 하시오.

| 16 | 30 | 6 | ×8 |
|---|---|---|---|
| ×24 | 20 | 4 | 5 |

**3**

**❶**

| 16 | 45 | 7 | 8 |
|---|---|---|---|
| 49 | 64 | 2 | 5 |

**9**

**❷**

| 18 | 21 | 1 | 4 |
|---|---|---|---|
| 8 | 24 | 3 | 2 |

**7**

**❸**

| 12 | 21 | 2 | 3 |
|---|---|---|---|
| 35 | 28 | 4 | 5 |

**6**

**❹**

| 27 | 54 | 3 | 4 |
|---|---|---|---|
| 36 | 35 | 9 | 7 |

**5**

**❺**

| 20 | 45 | 2 | 7 |
|---|---|---|---|
| 40 | 49 | 5 | 4 |

**8**

● 큰 수를 작은 수로 나눈 몫이 ● 안의 수가 되도록 선으로 이으시오.

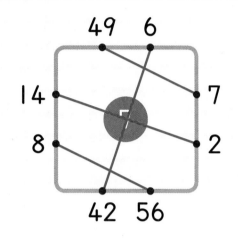

**①**

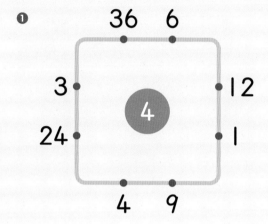

**②**

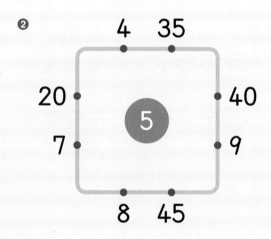

**③**

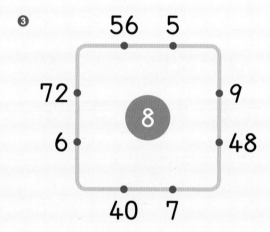

**④**

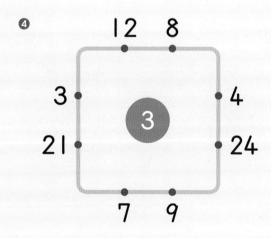

**⑤**

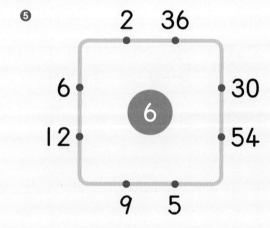

✛ 큰 수를 작은 수로 나눈 몫이 모두 같도록 선으로 잇고, 몫을 ◯ 안에 써넣으시오.

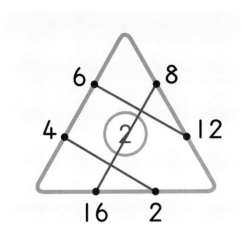

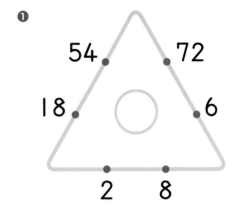

**❶**

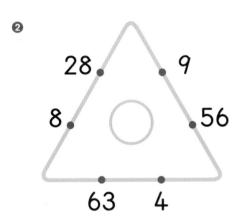

**❷**

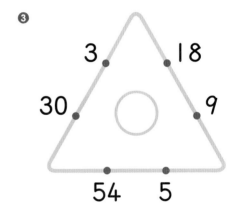

**❸**

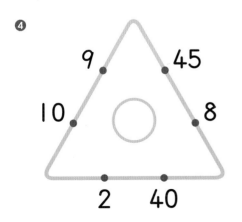

**❹**

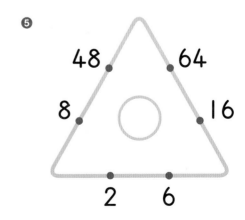

**❺**

# 계산기

● 액정의 계산 결과에 맞게 버튼을 누른 순서대로 쓰시오.

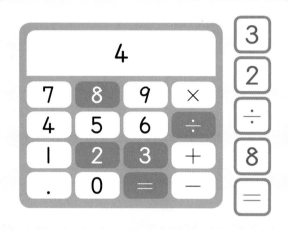

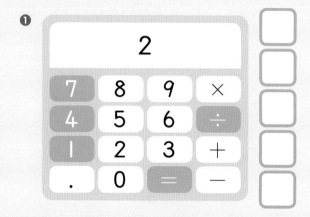

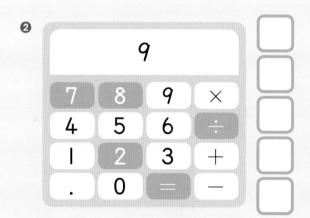

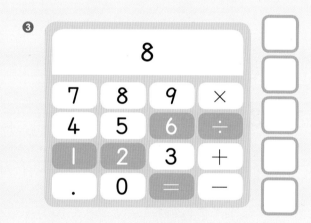

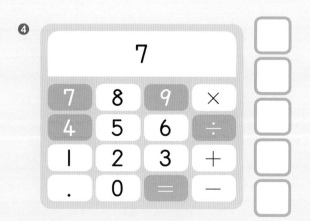

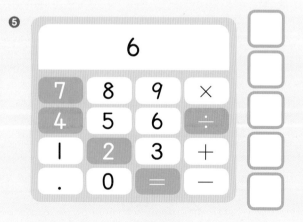

● 눌러진 버튼으로 만들 수 있는 두 가지 나눗셈식과 몫을 쓰시오.

| 4 | 7 |
|---|---|

| 7 | 8 | 9 | × |
| 4 | 5 | 6 | ÷ |
| 1 | 2 | 3 | + |
| . | 0 | = | − |

$36 \div 9 = 4$

$63 \div 9 = 7$

❶

| | |
|---|---|

| 7 | 8 | 9 | × |
| 4 | 5 | 6 | ÷ |
| 1 | 2 | 3 | + |
| . | 0 | = | − |

❷

| | |
|---|---|

| 7 | 8 | 9 | × |
| 4 | 5 | 6 | ÷ |
| 1 | 2 | 3 | + |
| . | 0 | = | − |

❸

| | |
|---|---|

| 7 | 8 | 9 | × |
| 4 | 5 | 6 | ÷ |
| 1 | 2 | 3 | + |
| . | 0 | = | − |

**1** 다음 숫자 카드를 한 번씩 모두 사용하여 나눗셈식 두 개를 만드시오.

**2** 몫이 가장 큰 것에 ○표 하시오.

| | | |
|---|---|---|
| 14÷2 | 18÷3 | 24÷6 |

**3** 몫이 **4**인 나눗셈식에 ○표, 몫이 **6**인 나눗셈식에 △표 하시오.

| | | | |
|---|---|---|---|
| 8÷2 | 30÷6 | 28÷4 | 36÷6 |
| 27÷3 | 9÷3 | 14÷7 | 81÷9 |
| 54÷9 | 12÷6 | 32÷8 | 72÷8 |

# 5

# □가 있는 나눗셈

# 선 잇기

● □ 안에 들어갈 수가 같은 것끼리 선으로 이으시오.

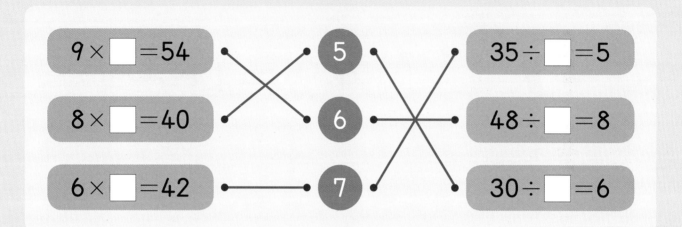

❶

$9 \times \square = 27$ • • 4 • • $36 \div \square = 9$

$7 \times \square = 28$ • • 8 • • $24 \div \square = 8$

$8 \times \square = 64$ • • 3 • • $48 \div \square = 6$

❷

$7 \times \square = 63$ • • 2 • • $45 \div \square = 5$

$9 \times \square = 18$ • • 9 • • $40 \div \square = 8$

$7 \times \square = 35$ • • 5 • • $18 \div \square = 9$

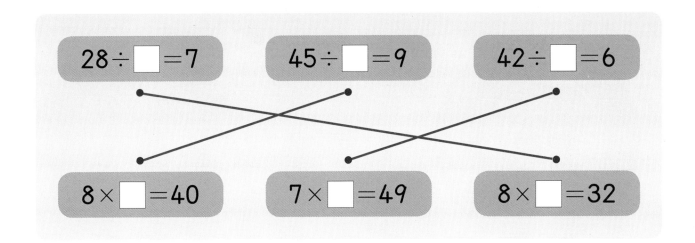

□ 안에 들어갈 수가 같은 것끼리 선으로 이으시오.

$28 \div \square = 7$    $45 \div \square = 9$    $42 \div \square = 6$

$8 \times \square = 40$    $7 \times \square = 49$    $8 \times \square = 32$

❶ $27 \div \square = 9$    $56 \div \square = 7$    $48 \div \square = 8$

$8 \times \square = 24$    $7 \times \square = 42$    $9 \times \square = 72$

❷ $72 \div \square = 8$    $40 \div \square = 8$    $18 \div \square = 9$

$6 \times \square = 30$    $4 \times \square = 36$    $8 \times \square = 16$

# 원판셈

● 빈칸에 알맞은 수를 써넣으시오.

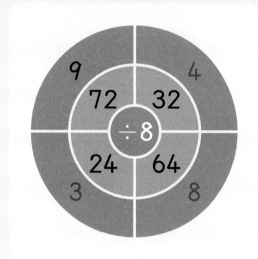

**①**

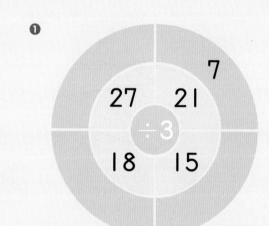

**②**

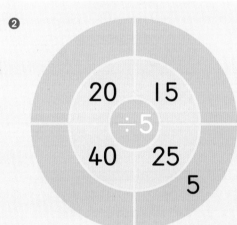

**③**

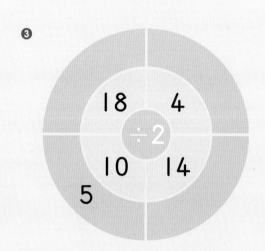

**④**

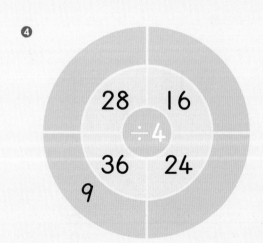

**⑤**

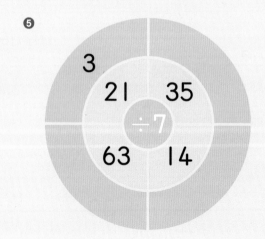

➕ 빈칸에 알맞은 수를 써넣으시오.

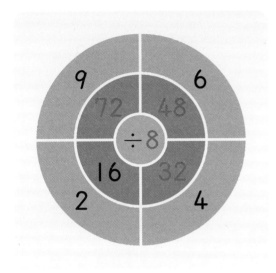

**①**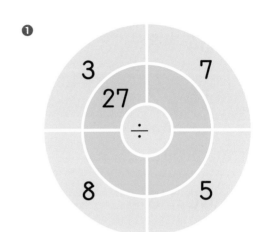

**②**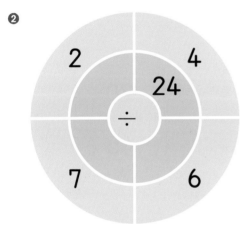

**③**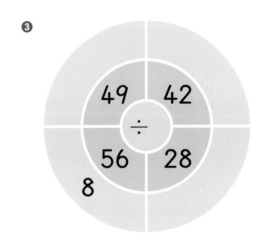

**④**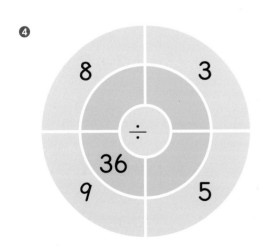

**⑤**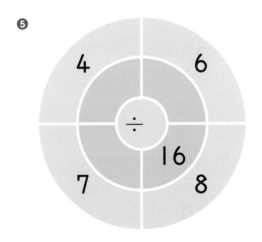

# 나눗셈의 □

● 나눗셈을 하여 □ 안에 알맞은 수를 써넣으시오.

$64 \div 8 = \boxed{8}$

$16 \div 2 = \boxed{8}$

❶ $36 \div 6 = \boxed{\phantom{0}}$

$18 \div 3 = \boxed{\phantom{0}}$

❷ $24 \div 3 = \boxed{\phantom{0}}$

$48 \div 6 = \boxed{\phantom{0}}$

❸ $40 \div 8 = \boxed{\phantom{0}}$

$35 \div 7 = \boxed{\phantom{0}}$

❹ $42 \div 6 = \boxed{\phantom{0}}$

$63 \div 9 = \boxed{\phantom{0}}$

❺ $18 \div 2 = \boxed{\phantom{0}}$

$81 \div 9 = \boxed{\phantom{0}}$

❻ $21 \div 7 = \boxed{\phantom{0}}$

$12 \div 4 = \boxed{\phantom{0}}$

❼ $32 \div 8 = \boxed{\phantom{0}}$

$16 \div 4 = \boxed{\phantom{0}}$

❽ $20 \div 4 = \boxed{\phantom{0}}$

$45 \div 9 = \boxed{\phantom{0}}$

❾ $63 \div 9 = \boxed{\phantom{0}}$

$28 \div 4 = \boxed{\phantom{0}}$

❿ $56 \div 7 = \boxed{\phantom{0}}$

$72 \div 9 = \boxed{\phantom{0}}$

⓫ $48 \div 8 = \boxed{\phantom{0}}$

$12 \div 2 = \boxed{\phantom{0}}$

⓬ $24 \div 6 = \boxed{\phantom{0}}$

$36 \div 9 = \boxed{\phantom{0}}$

⓭ $28 \div 7 = \boxed{\phantom{0}}$

$20 \div 5 = \boxed{\phantom{0}}$

⓮ $45 \div 9 = \boxed{\phantom{0}}$

$35 \div 7 = \boxed{\phantom{0}}$

✚ □ 안에 알맞은 수를 써넣으시오.

$18 \div 2 = \boxed{27} \div 3$

❶ $\boxed{\phantom{00}} \div 8 = 20 \div 5$

❷ $42 \div 7 = \boxed{\phantom{00}} \div 5$

❸ $\boxed{\phantom{00}} \div 3 = 72 \div 9$

❹ $16 \div 8 = \boxed{\phantom{00}} \div 6$

❺ $\boxed{\phantom{00}} \div 6 = 36 \div 4$

❻ $27 \div 9 = \boxed{\phantom{00}} \div 7$

❼ $\boxed{\phantom{00}} \div 5 = 72 \div 8$

❽ $32 \div 4 = \boxed{\phantom{00}} \div 3$

❾ $\boxed{\phantom{00}} \div 7 = 63 \div 9$

❿ $48 \div 8 = \boxed{\phantom{00}} \div 9$

⓫ $\boxed{\phantom{00}} \div 9 = 25 \div 5$

⓬ $54 \div 9 = \boxed{\phantom{00}} \div 8$

⓭ $\boxed{\phantom{00}} \div 4 = 36 \div 6$

⓮ $81 \div 9 = \boxed{\phantom{00}} \div 2$

⓯ $\boxed{\phantom{00}} \div 2 = 42 \div 7$

# 하우스

◑ 나눗셈을 하여 빈칸에 알맞은 수를 써넣으시오.

÷ 3

| 15 | 5 |
| 24 | 8 |
| 27 | 9 |

❶

÷ 9

| 45 | |
| 81 | |
| 63 | |

❷

÷ 7

| 49 | |
| 35 | |
| 63 | |

❸

÷ 2

| 12 | |
| 18 | |
| 14 | |

❹

÷ 5

| 25 | |
| 40 | |
| 30 | |

❺

÷ 4

| 24 | |
| 36 | |
| 12 | |

❻

÷ 8

| 24 | |
| 48 | |
| 64 | |

❼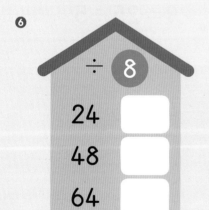

÷ 6

| 42 | |
| 30 | |
| 18 | |

❽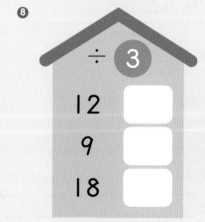

÷ 3

| 12 | |
| 9 | |
| 18 | |

➕ 빈칸에 알맞은 수를 써넣으시오.

÷ 2
| 16 | 8 |
| 10 | 5 |
| 8 | 4 |

❶

÷ ◯
| 16 | 4 |
| 32 | |
| 28 | |

❷
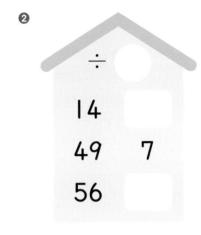
÷ ◯
| 14 | |
| 49 | 7 |
| 56 | |

❸
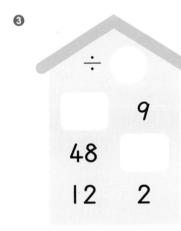
÷ ◯
| | 9 |
| 48 | |
| 12 | 2 |

❹
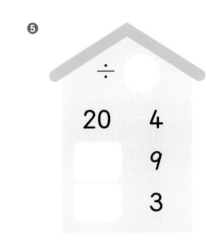
÷ ◯
| | 4 |
| 40 | 5 |
| 24 | |

❺
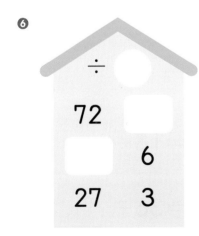
÷ ◯
| 20 | 4 |
| | 9 |
| | 3 |

❻
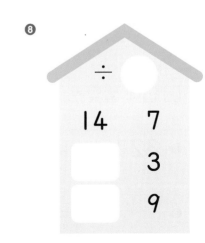
÷ ◯
| 72 | |
| | 6 |
| 27 | 3 |

❼
÷ ◯
| | 8 |
| 15 | 5 |
| 21 | |

❽
÷ ◯
| 14 | 7 |
| | 3 |
| | 9 |

**1** 관계 있는 것끼리 선으로 이으시오.

$\square \div 3 = 4$  •

•  $\square \div 3 = 3$

$24 \div \square = 3$  •

•  $\square \div 6 = 2$

$18 \div \square = 2$  •

•  $\square \div 2 = 4$

**2** 빈칸에 알맞은 수를 써넣으시오.

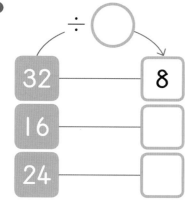

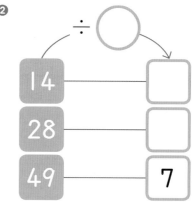

**3** $\square$ 안에 알맞은 수를 써넣으시오.

❶ $32 \div \square = 48 \div 6$

❷ $54 \div 9 = 18 \div \square$

❸ $\square \div 5 = 14 \div 2$

❹ $72 \div 8 = 36 \div \square$

# 6

# 나눗셈 문제 해결

# 바람개비 연산

● 나눗셈의 몫을 화살표 방향에 따라 쓰고, 빈칸에 알맞은 수를 써넣으시오.

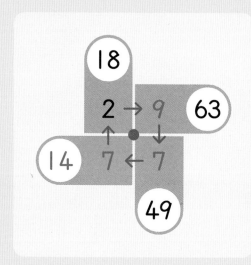

**1**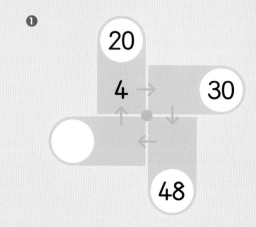

**2**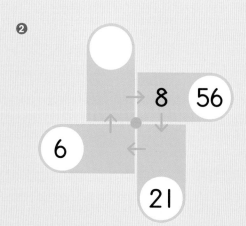

**3**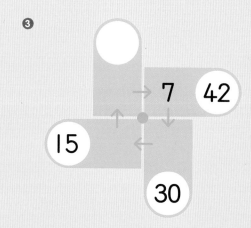

**4**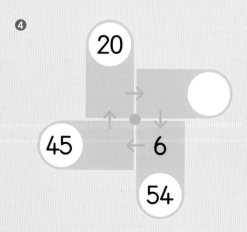

**5**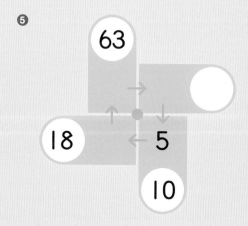

나눗셈의 몫을 화살표 방향에 따라 빈칸에 써넣으시오.

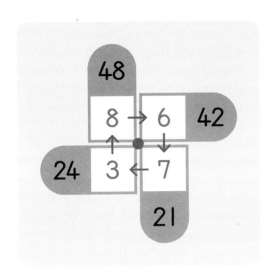

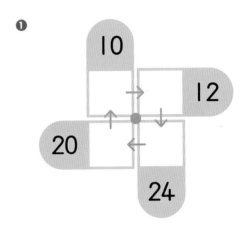
❶

❷
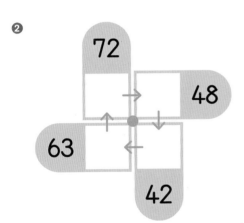

❸
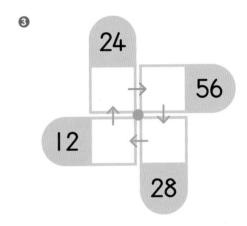

❹
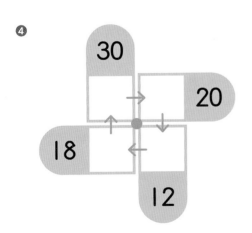

❺
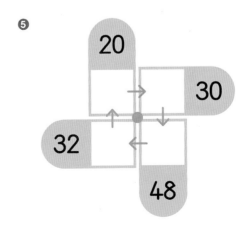

# 숫자 카드 목표셈

● 숫자 카드를 사용하여 나눗셈식을 완성하시오.

$$1\ 8 \div 9 = 2$$

$$8\ 1 \div 9 = 9$$

**①**

$$\square\ \square \div \square = 3$$

$$\square\ \square \div \square = 7$$

**②**

2  4  6

$$\square\ \square \div \square = 4$$

$$\square\ \square \div \square = 7$$

**③**

$$\square\ \square \div \square = 4$$

$$\square\ \square \div \square = 9$$

**④**

4  5  9

$$\square\ \square \div \square = 5$$

$$\square\ \square \div \square = 6$$

**⑤**

$$\square\ \square \div \square = 2$$

$$\square\ \square \div \square = 3$$

🌑 숫자 카드 중 세 장을 사용하여 계산 결과에 맞는 나눗셈식을 만드시오.

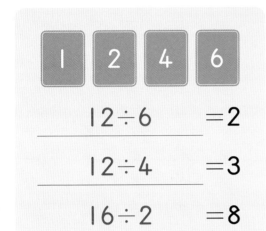

$$12 \div 6 = 2$$

$$12 \div 4 = 3$$

$$16 \div 2 = 8$$

❶

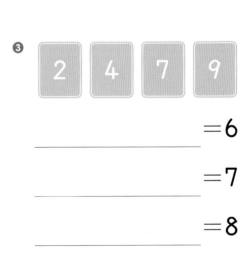

$$\underline{\hspace{3cm}} = 4$$

$$\underline{\hspace{3cm}} = 7$$

$$\underline{\hspace{3cm}} = 9$$

❷

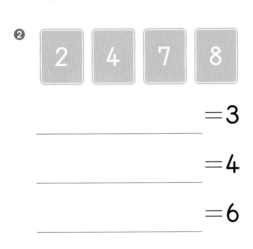

$$\underline{\hspace{3cm}} = 3$$

$$\underline{\hspace{3cm}} = 4$$

$$\underline{\hspace{3cm}} = 6$$

❸

$$\underline{\hspace{3cm}} = 6$$

$$\underline{\hspace{3cm}} = 7$$

$$\underline{\hspace{3cm}} = 8$$

❹

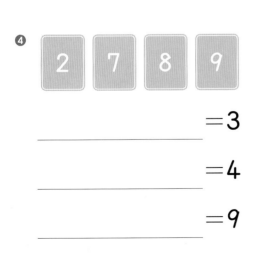

$$\underline{\hspace{3cm}} = 3$$

$$\underline{\hspace{3cm}} = 4$$

$$\underline{\hspace{3cm}} = 9$$

❺

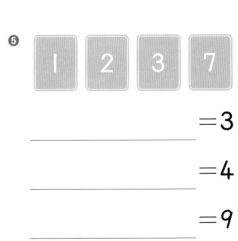

$$\underline{\hspace{3cm}} = 3$$

$$\underline{\hspace{3cm}} = 4$$

$$\underline{\hspace{3cm}} = 9$$

# 사탕셈

● 위에서 아래로, 왼쪽에서 오른쪽으로 나눗셈을 하시오.

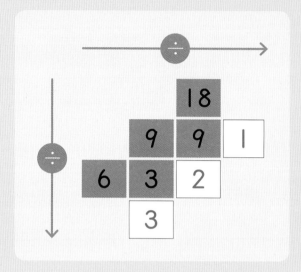

**①**

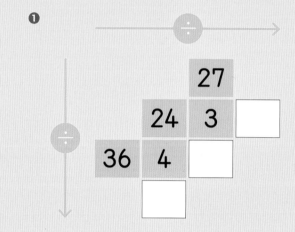

**②**

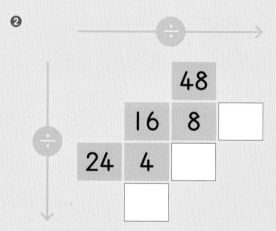

**③**

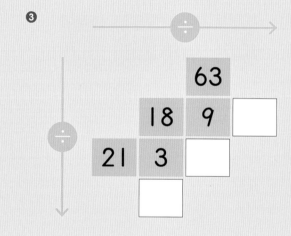

**④**

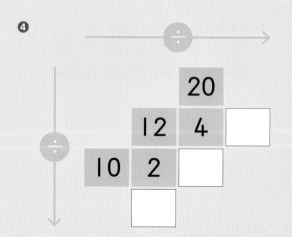

**⑤**

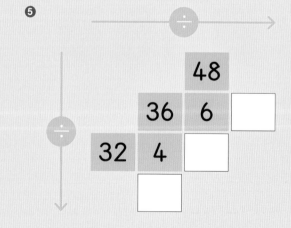

⊕ 빈칸에 알맞은 수를 써넣으시오.

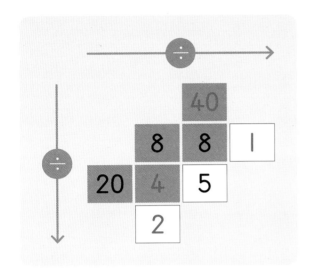

❶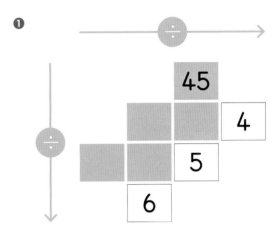

❷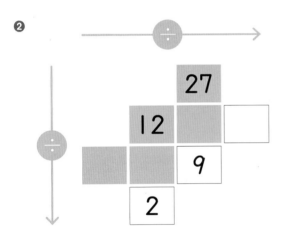

❸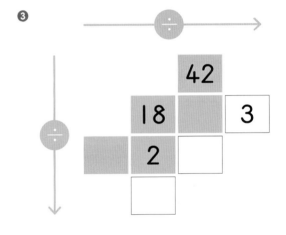

❹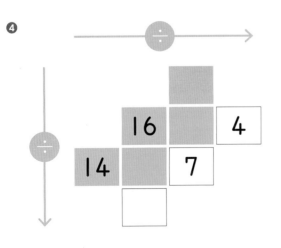

❺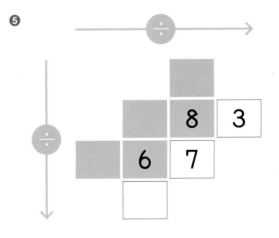

# 사다리 타기

● 사다리 타기를 하여 빈칸에 알맞은 수를 써넣으시오.

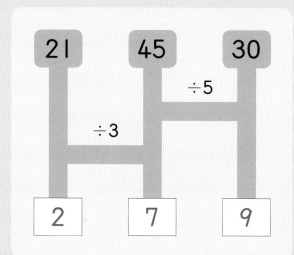

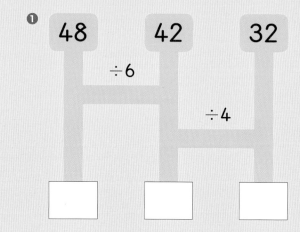

❶

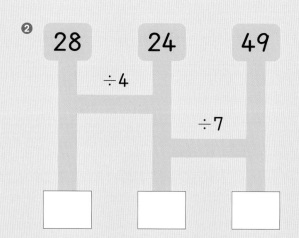

❷

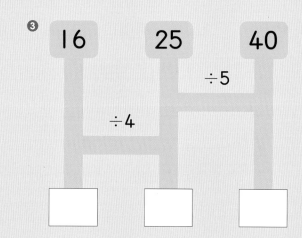

❸

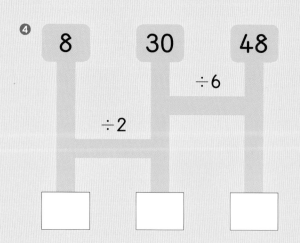

❹

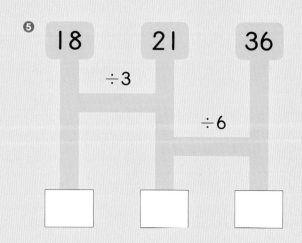

❺

● 빈칸에 알맞은 수를 써넣으시오.

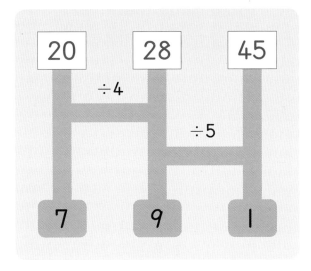

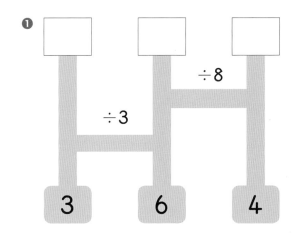

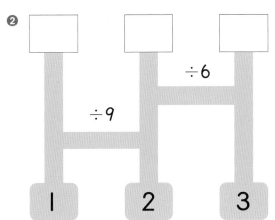

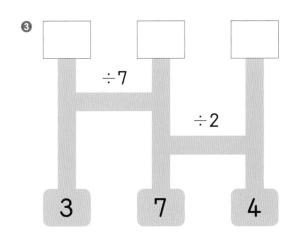

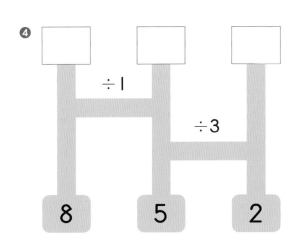

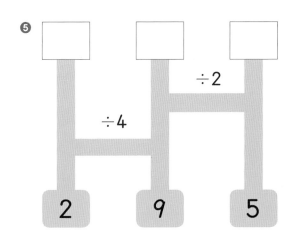

## 잘 공부했는지 알아봅시다

**1** 숫자 카드 중 세 장을 사용하여 계산 결과에 맞는 나눗셈식을 만드시오.

❶

$$\boxed{\phantom{0}}\boxed{\phantom{0}}\div\boxed{\phantom{0}}=4$$

❷

$$\boxed{\phantom{0}}\boxed{\phantom{0}}\div\boxed{\phantom{0}}=7$$

**2** 빈칸에 알맞은 수를 써넣으시오.

❶
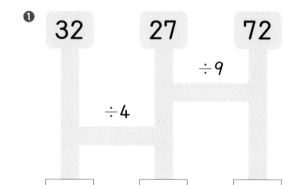

❷
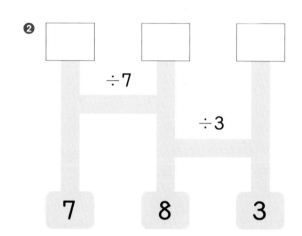

**3** 나눗셈의 몫을 화살표 방향에 따라 쓴 것입니다. 빈칸에 알맞은 수를 써넣으시오.

❶

❷
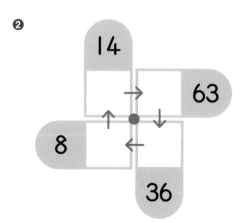

# 7

# 곱셈과 나눗셈

# 몫과 곱

● 몫과 곱을 빈칸에 써넣으시오.

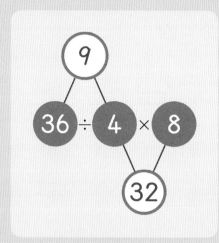

**❶**

$27 \div 9 \times 6$

**❷**

$32 \div 8 \times 6$

**❸**

$18 \div 6 \times 7$

**❹**

$27 \div 3 \times 8$

**❺**

$35 \div 5 \times 6$

**❻**

$56 \div 7 \times 9$

**❼**

$81 \div 9 \times 5$

**❽**

$16 \div 2 \times 7$

● 몫과 곱에 맞게 빈칸에 알맞은 수를 써넣으시오.

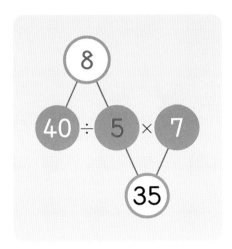

**①**

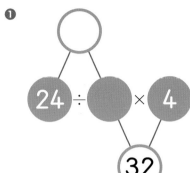

**②**

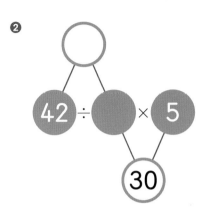

**③**

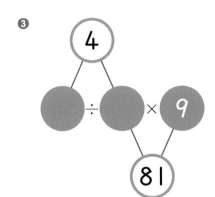

**④**

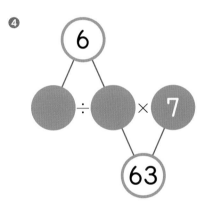

**⑤**

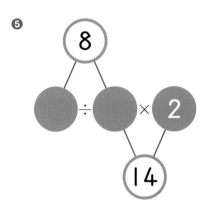

**⑥**

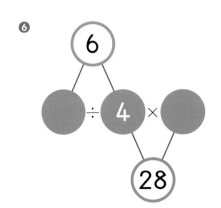

**⑦**

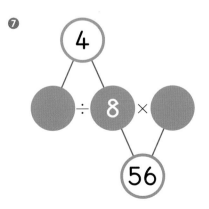

**⑧**

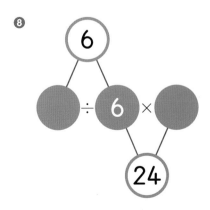

# 계단셈

● 빈칸에 알맞은 수를 써넣으시오.

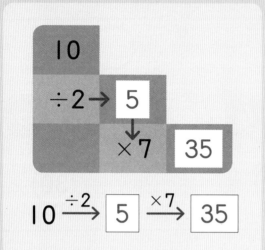

$$10 \xrightarrow{\div 2} \boxed{5} \xrightarrow{\times 7} \boxed{35}$$

**❶**

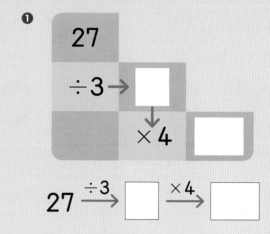

$$27 \xrightarrow{\div 3} \boxed{\phantom{0}} \xrightarrow{\times 4} \boxed{\phantom{0}}$$

**❷**

45

÷9 →

×5

$$45 \xrightarrow{\div 9} \boxed{\phantom{0}} \xrightarrow{\times 5} \boxed{\phantom{0}}$$

**❸**

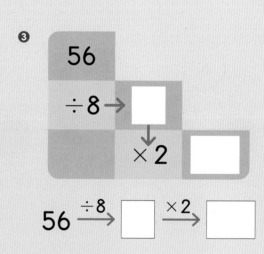

$$56 \xrightarrow{\div 8} \boxed{\phantom{0}} \xrightarrow{\times 2} \boxed{\phantom{0}}$$

**❹**

64

÷8 →

×4

$$64 \xrightarrow{\div 8} \boxed{\phantom{0}} \xrightarrow{\times 4} \boxed{\phantom{0}}$$

**❺**

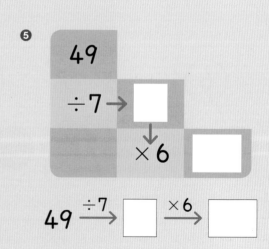

$$49 \xrightarrow{\div 7} \boxed{\phantom{0}} \xrightarrow{\times 6} \boxed{\phantom{0}}$$

● 빈칸에 알맞은 수를 써넣으시오.

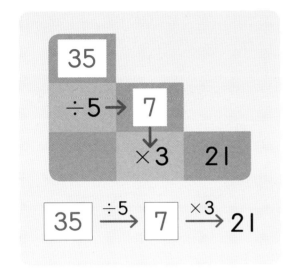

$$35 \xrightarrow{\div 5} 7 \xrightarrow{\times 3} 21$$

**❶**

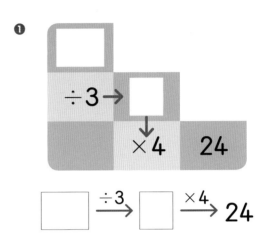

$$\boxed{\phantom{0}} \xrightarrow{\div 3} \boxed{\phantom{0}} \xrightarrow{\times 4} 24$$

**❷**

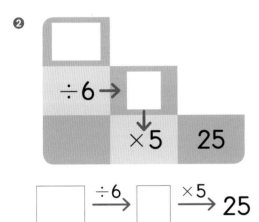

$$\boxed{\phantom{0}} \xrightarrow{\div 6} \boxed{\phantom{0}} \xrightarrow{\times 5} 25$$

**❸**

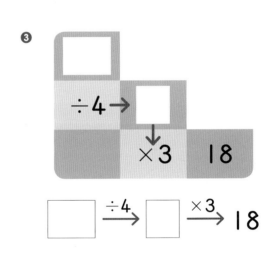

$$\boxed{\phantom{0}} \xrightarrow{\div 4} \boxed{\phantom{0}} \xrightarrow{\times 3} 18$$

**❹**

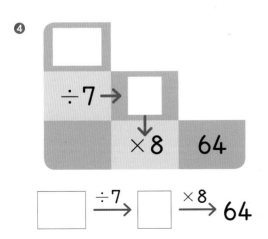

$$\boxed{\phantom{0}} \xrightarrow{\div 7} \boxed{\phantom{0}} \xrightarrow{\times 8} 64$$

**❺**

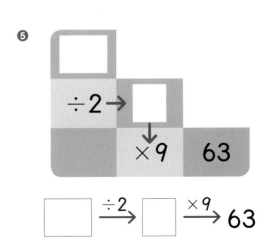

$$\boxed{\phantom{0}} \xrightarrow{\div 2} \boxed{\phantom{0}} \xrightarrow{\times 9} 63$$

# 창문셈

● 빈칸에 알맞은 수를 써넣으시오.

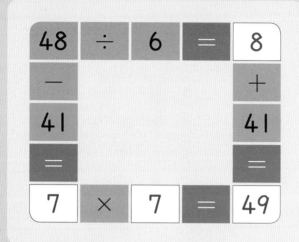

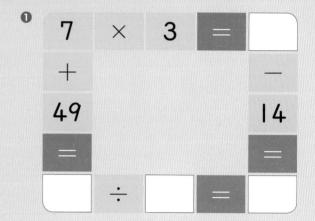

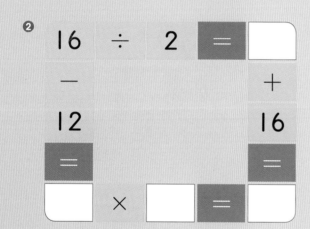

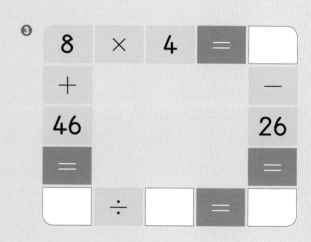

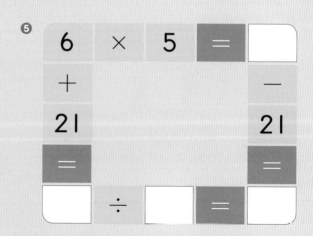

➕ 빈칸에 알맞은 수 또는 ×, ÷를 써넣으시오.

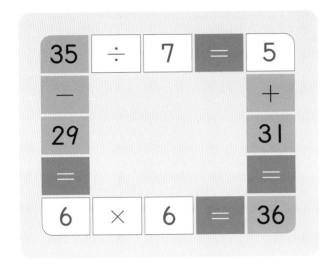

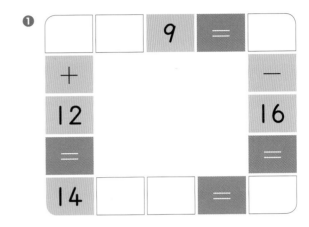

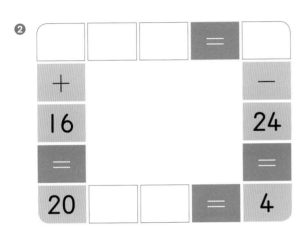

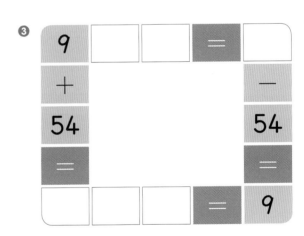

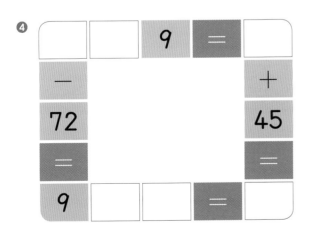

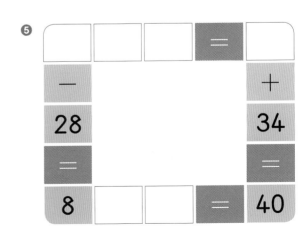

# 거꾸로셈

● 빈칸을 알맞게 채우시오.

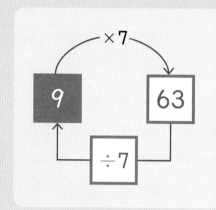

❶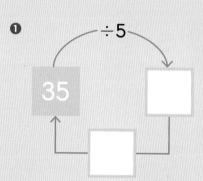

❷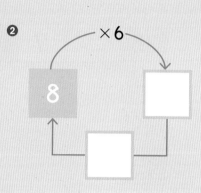

❸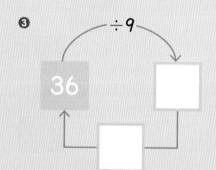

❹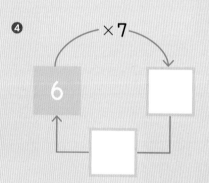

❺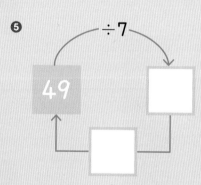

❻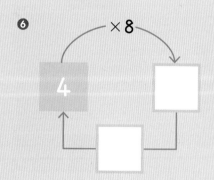

❼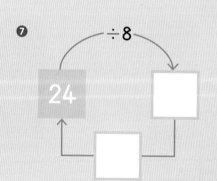

❽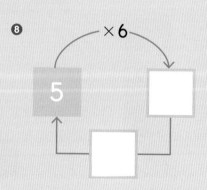

거꾸로 계산하여 빈칸에 알맞은 수를 써넣으시오.

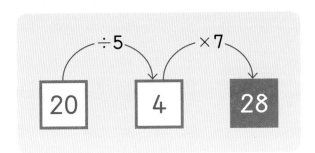

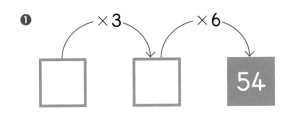

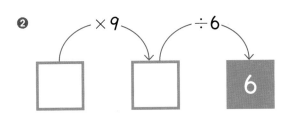

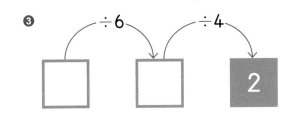

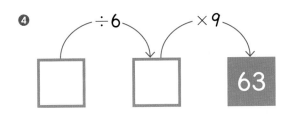

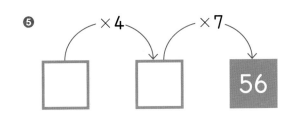

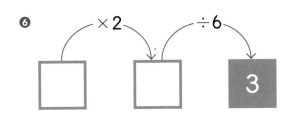

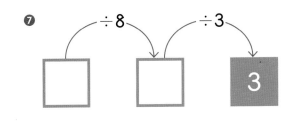

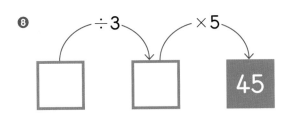

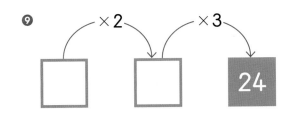

**1** 몫과 곱에 맞게 빈칸에 알맞은 수를 써넣으시오.

❶

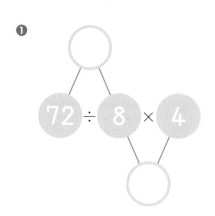

❷

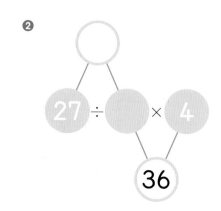

**2** 두 수가 있습니다. 두 수의 곱은 18이고, 큰 수를 작은 수로 나누면 몫이 2입니다. 두 수를 구하시오.

**3** □ 안에 알맞은 수를 써넣으시오.

❶

27 ÷ 3 ○ ×7 □

❷

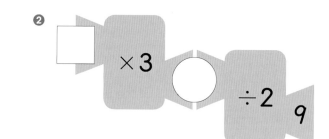

**4** 10보다 작은 서로 다른 두 홀수가 있습니다. 두 수의 곱을 큰 수로 나눈 몫과 큰 수를 작은 수로 나눈 몫이 같습니다. 두 수를 구하시오.

# 8 곱셈과 나눗셈 문장제

# 곱셈식과 나눗셈식

● 주어진 문장을 보고 곱셈식과 나눗셈식으로 나타내시오.

수진이네 반 학생들이 한 줄에 **7**명씩 **8**줄로 서니 모두 **56**명입니다.

➜

수진이네 반 학생 **56**명이 한 줄에 **7**명씩 서니 모두 **8**줄입니다.

$$7 \times 8 = 56$$

$$56 \div 7 = 8$$

❶

아이들 **4**명이 과일을 **5**개씩 따왔더니 과일이 모두 **20**개가 되었습니다.

➜

과일 **20**개를 아이들 **4**명이 같은 개수씩 따오려면 한 사람이 **5**개씩 따와야 합니다.

❷

사과를 한 상자에 **6**개씩 **9**상자에 나누어 담았더니 모두 **54**개가 되었습니다.

➜

사과 **54**개를 한 상자에 **6**개씩 나누어 담았더니 **9**상자가 되었습니다.

✦ 주어진 문장을 이용하여 나눗셈식에 맞는 문제를 만들고 식을 완성하시오.

수현이네 반 학생들이 승합차 5대에 8명씩 나누어 탔습니다. 학생 수는 모두 몇 명입니까?

→

수현이네 반 학생 40명이 승합차 5대에 똑같이 나누어 타려면 승합차 한 대에 몇 명씩 타야 합니까?

$5 \times 8 = \boxed{40}$

$40 \div 5 = \boxed{8}$

❶ 음료수가 6병씩 들어 있는 상자가 7개 있습니다. 음료수는 모두 몇 병입니까?

→

$6 \times 7 = \boxed{\phantom{00}}$

$42 \div 6 = \boxed{\phantom{00}}$

❷ 1주일은 7일이고 여름방학은 5주입니다. 여름방학은 모두 며칠입니까?

→

$7 \times 5 = \boxed{\phantom{00}}$

$35 \div 7 = \boxed{\phantom{00}}$

# 한 식 문장제

❶ ☐ 안에 알맞은 수를 써넣으시오.

고양이의 다리는 **4**개입니다. 고양이 **9**마리의 다리는 모두 몇 개입니까?

식 : $\boxed{4}$ × $\boxed{9}$ = $\boxed{36}$ (개)

❶ 사탕 **42**개를 상자 **7**개에 똑같이 나누어 담으려고 합니다. 한 상자에 몇 개씩 담을 수 있습니까?

식 : $\boxed{\phantom{00}}$ ÷ $\boxed{\phantom{00}}$ = $\boxed{\phantom{00}}$ (개)

❷ 연필꽂이에 색연필이 **9**자루씩 꽂혀 있습니다. 연필꽂이 **5**개에 꽂혀 있는 색연필은 모두 몇 자루입니까?

식 : $\boxed{\phantom{00}}$ × $\boxed{\phantom{00}}$ = $\boxed{\phantom{00}}$ (자루)

❸ 승합차 **1**대에는 **8**명이 탈 수 있습니다. 승합차 **6**대에는 모두 몇 명이 탈 수 있습니까?

식 : $\boxed{\phantom{00}}$ × $\boxed{\phantom{00}}$ = $\boxed{\phantom{00}}$ (명)

❹ 동화책 **21**권을 책꽂이에 꽂으려고 합니다. 책꽂이 한 칸에 동화책을 **7**권씩 꽂는다면 책꽂이는 모두 몇 칸이 필요합니까?

식 : $\boxed{\phantom{00}}$ ÷ $\boxed{\phantom{00}}$ = $\boxed{\phantom{00}}$ (칸)

◆ 식과 답을 쓰시오.

한 사람이 공깃돌을 **6**개씩 가지고 있습니다. 친구들 **8**명이 가지고 있는 공깃돌은 모두 몇 개입니까?

식 : $6 \times 8 = 48$(개)    답 : **48** 개

❶ 연필 **24**자루를 한 사람에게 **3**자루씩 나누어 주려고 합니다. 몇 명에게 나누어 줄 수 있습니까?

식 : _____    답 : _____ 명

❷ 곶감 **32**개를 **4**명에게 똑같이 나누어 주면 한 사람은 곶감을 몇 개씩 가지게 됩니까?

식 : _____    답 : _____ 개

❸ 영화를 보기 위해 학생들이 **5**명씩 **8**줄로 서 있습니다. 줄을 선 학생들은 모두 몇 명입니까?

식 : _____    답 : _____ 명

❹ 과수원에서 배 **54**개를 땄습니다. 한 봉지에 **6**개씩 포장하면 몇 봉지가 됩니까?

식 : _____    답 : _____ 봉지

# 어떤 수 구하기

● □를 사용한 식으로 나타내고, 어떤 수를 구하시오.

어떤 수에 **7**을 곱하였더니 **42**가 되었습니다. 어떤 수는 얼마입니까?

식 : $\boxed{\phantom{x}} \times 7 = 42$ 　　　어떤 수 : 　6

❶ 어떤 수를 **3**으로 나누었더니 **6**이 되었습니다. 어떤 수는 얼마입니까?

식 : _____ 　　　어떤 수 : _____

❷ **8**에 어떤 수를 곱하였더니 **56**이 되었습니다. 어떤 수는 얼마입니까?

식 : _____ 　　　어떤 수 : _____

❸ **42**를 어떤 수로 나누었더니 **7**이 되었습니다. 어떤 수는 얼마입니까?

식 : _____ 　　　어떤 수 : _____

❹ 어떤 수와 **6**의 곱은 **36**입니다. 어떤 수는 얼마입니까?

식 : _____ 　　　어떤 수 : _____

❺ 어떤 수를 **4**로 나누면 몫이 **5**입니다. 어떤 수는 얼마입니까?

식 : _____ 　　　어떤 수 : _____

➕ 어떤 수를 구하고 물음에 답하시오.

어떤 수에 7을 곱하였더니 56이 되었습니다. 어떤 수를 4로 나누면 얼마입니까?

어떤 수 : $\square \times 7 = 56,$ $\square = 8$

계산하기 : $8 \div 4 = 2$

❶ 어떤 수를 3으로 나누면 몫이 3입니다. 어떤 수에 6을 곱하면 얼마입니까?

어떤 수 : _____

계산하기 : _____

❷ 64를 어떤 수로 나누면 몫이 8입니다. 어떤 수에 7을 곱하면 얼마입니까?

어떤 수 : _____

계산하기 : _____

❸ 9에 어떤 수를 곱하였더니 36이 되었습니다. 24를 어떤 수로 나누면 몫이 얼마입니까?

어떤 수 : _____

계산하기 : _____

❹ 어떤 수에 7을 곱해야 할 것을 잘못하여 5를 곱하였더니 35가 되었습니다. 바르게 계산하면 얼마입니까?

어떤 수 : _____

계산하기 : _____

# 여러 식 문장제

● □ 안에 알맞은 수를 써넣으시오.

과수원에서 어제 딴 사과 **25**개와 오늘 딴 사과 **11**개를 똑같은 개수씩 **4**봉지에 나누어 담아 모두 포장하였습니다. 한 봉지에 들어 있는 사과는 모두 몇 개입니까?

$$\boxed{25} + \boxed{11} = \boxed{36} \ , \ \boxed{36} \div \boxed{4} = \boxed{9} \ (개)$$

❶ 하루에 동화책을 민주는 **7**쪽, 소영이는 **9**쪽씩 읽습니다. 민주와 소영이가 **4**일 동안 읽는 동화책은 모두 몇 쪽입니까?

$$\boxed{\phantom{0}} \times \boxed{\phantom{0}} = \boxed{\phantom{0}} \ , \ \boxed{\phantom{0}} \times \boxed{\phantom{0}} = \boxed{\phantom{0}} \ , \ \boxed{\phantom{0}} + \boxed{\phantom{0}} = \boxed{\phantom{0}} \ (쪽)$$

❷ 승희네 모둠 **9**명이 **4**권씩 동화책을 가져와서 친구들에게 **6**권씩 똑같이 나누어 주려고 합니다. 친구 몇 명에게 나누어 줄 수 있습니까?

$$\boxed{\phantom{0}} \times \boxed{\phantom{0}} = \boxed{\phantom{0}} \ , \ \boxed{\phantom{0}} \div \boxed{\phantom{0}} = \boxed{\phantom{0}} \ (명)$$

❸ 개미 한 마리의 다리는 **6**개이고 거미 한 마리의 다리는 **8**개입니다. 개미가 **7**마리, 거미가 **5**마리 있다고 할 때 개미의 다리는 거미의 다리보다 몇 개 더 많습니까?

$$\boxed{\phantom{0}} \times \boxed{\phantom{0}} = \boxed{\phantom{0}} \ , \ \boxed{\phantom{0}} \times \boxed{\phantom{0}} = \boxed{\phantom{0}} \ , \ \boxed{\phantom{0}} - \boxed{\phantom{0}} = \boxed{\phantom{0}} \ (개)$$

➕ 식과 답을 쓰시오.

수정이네 반 아이들이 운동장에 줄을 지어 서 있습니다. 남학생 **16**명은 **8**명 씩, 여학생 **24**명은 **6**명씩 줄을 섰다면 학생들은 모두 몇 줄로 서 있습니까?

식 : $16 \div 8 = 2$ , $24 \div 6 = 4$ , $2 + 4 = 6$    답 : __6__ 줄

**❶** 진영이는 사탕을 **5**개씩 **5**봉지, 찬희는 **7**개씩 **4**봉지 담았습니다. 담은 사탕은 모두 몇 개입니까?

식 : _____ , _____ , _____    답 : _____ 개

**❷** 빵이 한 바구니에 **8**개씩 **3**바구니가 있습니다. 이 빵을 **4**개씩 봉지에 담아 모 두 포장하였습니다. 포장한 빵은 모두 몇 봉지입니까?

식 : _____ , _____    답 : _____ 봉지

**❸** 철수네 반에서 도서관에 기증하기 위해 책을 모았습니다. 동화책은 **8**권씩 **4** 상자를 모았고, 위인전은 **9**권씩 **3**상자를 모았습니다. 책을 모두 몇 권 모았습 니까?

식 : _____ , _____ , _____    답 : _____ 권

## 잘 공부했는지 알아봅시다

**1** 운동장에 학생들이 한 줄에 **7**명씩 **9**줄로 서 있습니다. 줄을 서 있는 학생들은 모두 몇 명입니까?

식 : _____    답 : _____ 명

**2** 배구 시합에 출전한 선수는 한 팀당 **6**명입니다. 배구 선수 **24**명으로 배구팀을 몇 팀 만들 수 있습니까?

식 : _____    답 : _____ 팀

**3** 다음 나눗셈식을 보고 빈칸에 알맞은 수를 써넣으시오.

$$30 \div 6 = 5$$

우리 반 학생 ☐ 명을 ☐ 명씩 한 모둠으로

만들면 ☐ 모둠을 만들 수 있습니다.

**4** 어머니께서 한 봉지에 **8**개씩 들어 있는 귤을 **6**봉지 사오셨습니다. 집에 **8**개를 남겨 두고 나머지를 이웃 할머니 **5**분께 똑같이 나누어 드리려고 합니다. 할머니 한 분께 몇 개씩 나누어 드리면 됩니까?

식 : _____ , _____ , _____    답 : _____ 개

MEMO

# 사고셈

## 정답 및 해설
### Guide Book

초등2 4호

곱셈과 나눗셈 구구

NE능률

# 481  똑같이 나누기

● 안의 수만큼 나누고, 빈칸에 알맞은 수를 써넣으시오.

① 15는 3 씩 5 묶음

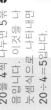

② 20은 4 씩 5 묶음

③ 25는 5 씩 5 묶음

④ 24는 6 씩 4 묶음

⑤ 32는 8 씩 4 묶음

⑥ 16는 2 씩 8 묶음

● 안의 수만큼 나누고, 빈칸에 알맞은 수를 써넣으시오.

20을 4씩 나누면 5 묶음입니다. 이것을 나눗셈식으로 나타내면 20÷4=5입니다.

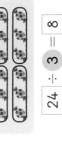

① 24÷3=8

⑤ 40÷5=8

③ 28÷4=7

② 14÷2=7
전체   묶음의 개수

⑥ 30÷6=5

④ 18÷2=9

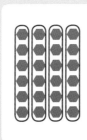

# ① 주차

## 482 뺄셈식과 나눗셈식

● 그림을 보고 뺄셈식과 나눗셈식을 쓰시오.

$8 - 2 - 2 - 2 - 2 = 0$

$8 \div 2 = 4$

① $12 - 3 - 3 - 3 = 0$

$12 \div 3 = 4$

② $12 - 4 - 4 - 4 = 0$

$12 \div 4 = 3$

③ $20 - 5 - 5 - 5 - 5 = 0$

$20 \div 5 = 4$

④ $24 - 6 - 6 - 6 - 6 = 0$

$24 \div 6 = 4$

10

---

6에서 2를 3번 빼면 0입니다.
($6 - 2 - 2 - 2 = 0$)
나눗셈으로 나타내면
(전체) ÷ (빼는 수)
= (빼는 횟수)이므로
$6 \div 2 = 3$입니다.

● 뺄셈식을 나눗셈식으로 나타내시오.

$12 - 3 - 3 - 3 - 3 = 0$ → $12 \div 3 = 4$ ← 빼는 횟수
빼는 수

① $16 - 4 - 4 - 4 - 4 = 0$ → $16 \div 4 = 4$

② $24 - 8 - 8 - 8 = 0$ → $24 \div 8 = 3$

● 나눗셈식을 뺄셈식으로 나타내시오.

$21 \div 7 = 3$ → $21 - 7 - 7 - 7 = 0$

③ $8 \div 2 = 4$ → $8 - 2 - 2 - 2 - 2 = 0$

④ $20 \div 4 = 5$ → $20 - 4 - 4 - 4 - 4 - 4 = 0$

## 483 세로셈

● 나눗셈을 세로 형식으로 쓰시오.

$24 \div 3 = 8$

$$3\overline{)24} \quad \begin{array}{c} 8 \end{array}$$

① $36 \div 4 = 9$

$$4\overline{)36} \quad 9$$

② $72 \div 9 = 8$

$$9\overline{)72} \quad 8$$

③ $42 \div 6 = 7$

$$6\overline{)42} \quad 7$$

④ $48 \div 8 = 6$

$$8\overline{)48} \quad 6$$

⑤ $24 \div 8 = 3$

$$8\overline{)24} \quad 3$$

⑥ $32 \div 4 = 8$

$$4\overline{)32} \quad 8$$

⑦ $49 \div 7 = 7$

$$7\overline{)49} \quad 7$$

⑧ $18 \div 6 = 3$

$$6\overline{)18} \quad 3$$

⑨ $27 \div 3 = 9$

$$3\overline{)27} \quad 9$$

⑩ $35 \div 5 = 7$

$$5\overline{)35} \quad 7$$

⑪ $30 \div 6 = 5$

$$6\overline{)30} \quad 5$$

---

(나누어지는 수) ÷ (나누는 수) = (몫)

(나누는 수)$\overline{)}$(나누어지는 수)
↑ (몫)

● 나눗셈식을 세로 형식으로 쓰고 몫을 구하시오.

$42 \div 7 = 6$

$$7\overline{)42} \quad 6$$

① $12 \div 4 = 3$

$$4\overline{)12} \quad 3$$

② $20 \div 5 = 4$

$$5\overline{)20} \quad 4$$

③ $63 \div 7 = 9$

$$7\overline{)63} \quad 9$$

④ $56 \div 7 = 8$

$$7\overline{)56} \quad 8$$

⑤ $27 \div 3 = 9$

$$3\overline{)27} \quad 9$$

⑥ $35 \div 5 = 7$

$$5\overline{)35} \quad 7$$

⑦ $72 \div 8 = 9$

$$8\overline{)72} \quad 9$$

⑧ $25 \div 5 = 5$

$$5\overline{)25} \quad 5$$

# 1 주차

## 484 여러 방법으로 나누기

● 가로, 세로로 한 줄씩 묶고 나눗셈식으로 나타내시오.

$21 \div 3 = 7$
$21 \div 7 = 3$

$32 \div 4 = 8$
$32 \div 8 = 4$

$30 \div 5 = 6$
$30 \div 6 = 5$

$28 \div 4 = 7$
$28 \div 7 = 4$

14

● 묶는 방법을 다르게 하여 나누고, 나눗셈식으로 나타내시오.

$12 \div 2 = 6$
$12 \div 3 = 4$
$12 \div 4 = 3$
$12 \div 6 = 2$

❶
$24 \div 3 = 8$
$24 \div 4 = 6$
$24 \div 6 = 4$
$24 \div 8 = 3$

❷
$18 \div 2 = 9$
$18 \div 3 = 6$
$18 \div 6 = 3$
$18 \div 9 = 2$

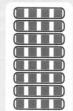

# 잘 공부했는지 알아봅시다

**1** 바둑돌이 18개 있습니다. 물음에 답하세요.

❶ 3개씩 나누어 보시오. 3개씩 모두 몇 묶음입니까?　6묶음

❷ 2개씩 나누어 보시오. 2개씩 모두 몇 묶음입니까?　9묶음

❸ 6개씩 나누어 보시오. 6개씩 모두 몇 묶음입니까?　3묶음

**2** 다음 나눗셈을 세로 형식으로 나타내고, 몫을 구하시오.

(나누어지는 수) ÷ (나누는 수) → (나누는 수)⟌(나누어지는 수) = (몫)

❶　56 ÷ 8　7

→

❷　27 ÷ 3　9

→

**3** 뺄셈식을 나눗셈식으로, 나눗셈식을 뺄셈식으로 나타내시오.

❶　40 − 8 − 8 − 8 − 8 − 8 = 0　→　40 ÷ 8 = 5

❷　35 ÷ 7 = 5　→　35 − 7 − 7 − 7 − 7 − 7 = 0

# 2주차

## 485 그림 보고 식 만들기

● 그림을 보고 □ 안에 알맞은 수를 써넣으시오.

곱셈식  $3 \times 6 = 18$   $6 \times 3 = 18$

나눗셈식  $18 \div 3 = 6$   $18 \div 6 = 3$

곱셈식  $4 \times 5 = 20$   $5 \times 4 = 20$

나눗셈식  $20 \div 4 = 5$   $20 \div 5 = 4$

곱셈식  $3 \times 7 = 21$   $7 \times 3 = 21$

나눗셈식  $21 \div 3 = 7$   $21 \div 7 = 3$

곱셈식  $5 \times 6 = 30$   $6 \times 5 = 30$

나눗셈식  $30 \div 5 = 6$   $30 \div 6 = 5$

18

---

● 그림을 이용하여 곱셈식과 나눗셈식을 각각 두 개씩 만드시오.

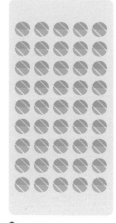

$3 \times 8 = 24$

$8 \times 3 = 24$

$24 \div 3 = 8$

$24 \div 8 = 3$

❶

$5 \times 9 = 45$

$9 \times 5 = 45$

$45 \div 5 = 9$

$45 \div 9 = 5$

❷

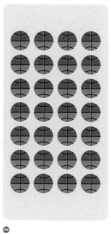

$4 \times 7 = 28$

$7 \times 4 = 28$

$28 \div 4 = 7$

$28 \div 7 = 4$

사고셈 ● 19

## 486 곱셈과 나눗셈의 관계

● 곱셈식을 보고 나눗셈식을 두 개씩 만드시오.

❶

$8 \times 4 = 32$

$32 \div 8 = 4$
$32 \div 4 = 8$

$6 \times 7 = 42$

$42 \div 6 = 7$
$42 \div 7 = 6$

❷

$9 \times 5 = 45$

$45 \div 9 = 5$
$45 \div 5 = 9$

❸

$7 \times 3 = 21$

$21 \div 7 = 3$
$21 \div 3 = 7$

● 나눗셈식을 보고 곱셈식을 두 개씩 만드시오.

$35 \div 5 = 7$

$5 \times 7 = 35$
$7 \times 5 = 35$

❹

$48 \div 6 = 8$

$6 \times 8 = 48$
$8 \times 6 = 48$

❺

$72 \div 9 = 8$

$9 \times 8 = 72$
$8 \times 9 = 72$

❻

$36 \div 9 = 4$

$9 \times 4 = 36$
$4 \times 9 = 36$

---

곱셈식 ▲×●=■에
서 ■를 ▲로 나누면 ●
가 몫이 되는 나눗셈식,
●로 나누면 ▲가 몫이
되는 나눗셈식 두 가지
를 만들 수 있습니다. 역
으로 나눗셈식으로 곱셈
식 두 개를 만들 수 있습
니다.

● 주어진 수를 사용하여 곱셈식과 나눗셈식을 각각 두 개씩 만드시오.

8  56  7

$7 \times 8 = 56$
$8 \times 7 = 56$

$56 \div 7 = 8$
$56 \div 8 = 7$

❶

4  12  3

$3 \times 4 = 12$
$4 \times 3 = 12$

$12 \div 3 = 4$
$12 \div 4 = 3$

❷

9  18  2

$2 \times 9 = 18$
$9 \times 2 = 18$

$18 \div 2 = 9$
$18 \div 9 = 2$

❸

3  8  24

$3 \times 8 = 24$
$8 \times 3 = 24$

$24 \div 3 = 8$
$24 \div 8 = 3$

❹

63  9  7

$7 \times 9 = 63$
$9 \times 7 = 63$

$63 \div 7 = 9$
$63 \div 9 = 7$

**P. 22 ● P. 23**

**2 주차**

## 487 카드 관계셈

● 숫자 카드를 모두 사용하여 곱셈식 또는 나눗셈식을 완성하시오.

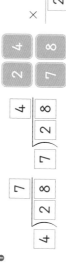
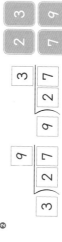
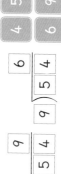

● 숫자 카드를 모두 사용하여 곱셈식과 나눗셈식을 각각 두 개씩 만들어 보시오.

# 488 곱셈식에서 나눗셈의 몫

● 곱셈식을 보고 나눗셈식을 만드시오.

| 8×7=56 |
|---|
| 56÷ 8 = 7 |
| 56÷ 7 = 8 |

❷
| 4×8=32 |
|---|
| 32÷ 4 = 8 |
| 32÷ 8 = 4 |

❸
| 7×5=35 |
|---|
| 35÷ 7 = 5 |
| 35÷ 5 = 7 |

❹
| 9×3=27 |
|---|
| 27÷ 9 = 3 |
| 27÷ 3 = 9 |

❶
| 2×9=18 |
|---|
| 18÷ 2 = 9 |
| 18÷ 9 = 2 |

❸
| 6×9=54 |
|---|
| 54÷ 6 = 9 |
| 54÷ 9 = 6 |

❺
| 5×8=40 |
|---|
| 40÷ 5 = 8 |
| 40÷ 8 = 5 |

❼
| 3×6=18 |
|---|
| 18÷ 3 = 6 |
| 18÷ 6 = 3 |

24

---

● 곱셈식 ◆ ●×■=에서 ■ 안에 알맞은 수를 써넣으시오.

곱셈식 ◆ ●×■=■에서
나눗셈식 ■ ●÷■=●,
● ÷=●를 만들 수
■ 있습니다.

| 8×5=40 | ↔ | 40÷8= 5 |
|---|---|---|

❶
| 7×6=42 | ↕ | 42÷7= 6 |

❷
| 4×9=36 | ↕ | 36÷4= 9 |

❸
| 6×9=54 | ↕ | 54÷6= 9 |

❹
| 9×7=63 | ↕ | 63÷9= 7 |

❺
| 5×8=40 | ↕ | 40÷5= 8 |

❻
| 3×6=18 | ↕ | 18÷3= 6 |

# ② 주차

## 잘 공부했는지 알아봅시다

월    일

**1** 그림을 곱셈식과 나눗셈식으로 나타내시오.

곱셈식  $4 \times 6 = 24$

$6 \times 4 = 24$

나눗셈식  $24 \div 4 = 6$

$24 \div 6 = 4$

**2** 나눗셈이 몫을 구한 다음, 나눗셈식을 보고 곱셈식 두 개를 만들어 보시오.

$24 \div 3 = \boxed{8}$

$3 \times 8 = 24$

$8 \times 3 = 24$

나눗셈식 ■ ÷ ● = ◆ ➡ ■에서 곱셈식 ◆ × ● = ■,
× = 을 만들 수 있습니다.

**3** □ 안에 알맞은 수를 써넣으시오.

❶  $48 \div 8 = 6$  ⟷  $8 \times 6 = 48$

❷  $63 \div 9 = 7$  ⟷  $9 \times 7 = 63$

## 풀이

● 계산에 맞게 빈칸에 알맞은 수를 써넣으시오.

**❶**
24 ÷ 3 = 8
24 ÷ 4 = 6
24 ÷ 6 = 4

24 ÷ 3 | 4 | 6 = 8 | 6 | 4

**❸**
18 ÷ 2 | 6 | 9 = 9 | 3 | 2

**❺**
16 ÷ 2 | 4 | 8 = 8 | 4 | 2

**❷(예)**
9 ÷ 9 = 1
9 ÷ 3 = 3
9 ÷ 1 = 9

9 ÷ 9 | 3 | 1 = 1 | 3 | 9

**❷**
36 ÷ 4 | 6 | 9 = 9 | 6 | 4

**❹**
12 ÷ 2 | 3 | 4 = 6 | 4 | 3

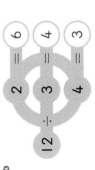

---

## 489 갈림길

### 가르기

● 계산에 맞게 선을 그으시오.

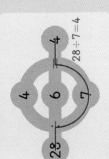

28 ÷ 7 = 4

**❶**
48 ÷ 8 = 6
48 ÷ : 6 | 7 | 8

**❸**
54 ÷ : 3 | 6 | 9

**❺**
42 ÷ : 7 | 6 | 8

**❼**
12 ÷ : 3 | 2 | 6

**❷**
63 ÷ : 8 | 9 | 7

**❹**
25 ÷ : 5 | 4 | 6

**❻**
15 ÷ : 3 | 5 | 7

## 490 잎새 따기

● 계산 결과가 잎의 수와 다른 것을 찾아 /로 잎새를 따시오.

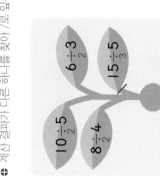

❶
$12 \div 6$   $14 \div 2 \over 7$
$18 \div 9 \over 2$   $4 \div 2 \over 2$
2

❸
$20 \div 5$
$36 \div 9$   $24 \div 4$
$28 \div 7$
4

❺
$16 \div 8$
$15 \div 5$   $27 \div 9$
$24 \div 8$
3

❷
$56 \div 8$   $56 \div 7$
$42 \div 6$   $49 \div 7$
7

❹
$40 \div 5$   $72 \div 9$
$21 \div 3$   $64 \div 8$
8

---

● 계산 결과가 다른 하나를 찾아 /로 잎새를 따시오.

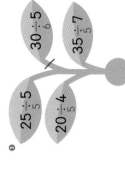

❶
$25 \div 5 \over 5$   $30 \div 5 \over 6$
$20 \div 4 \over 5$   $35 \div 5 \over 5$

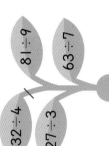

$6 \div 3 \over 2$
$10 \div 5 \over 2$   $15 \div 5 \over 3$
$8 \div 4 \over 2$

❸
$14 \div 2$   $56 \div 8$
$21 \div 7$   $35 \div 5$

❷
$32 \div 4$   $81 \div 9$
$27 \div 3$   $63 \div 7$

❺
$32 \div 4$   $27 \div 3$
$56 \div 7$   $72 \div 9$

❹
$30 \div 5$   $48 \div 8$
$54 \div 9$   $16 \div 2$

**491 다리 잇기**

● 계산을 한 다음 알맞게 선으로 이으시오.

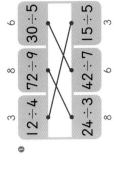
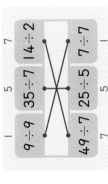

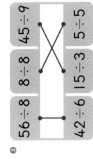
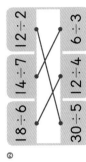

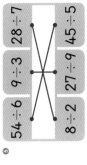
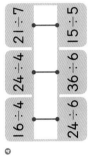

✚ 계산 결과가 같은 것끼리 선으로 이으시오.

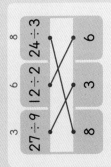

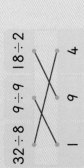

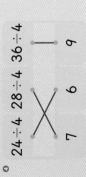

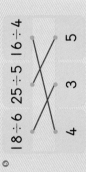

# ③ 주차

## 상자셈

492

● 안의 수가 몫이 되는 나눗셈식을 두 개 찾아 색칠하시오.

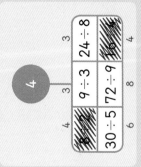

● 안의 수가 몫이 되는 나눗셈식을 모두 찾아 색칠하시오.

# 잘 공부했는지 알아봅시다

월 일

**1** 나눗셈의 몫을 바르게 구한 것에 모두 ○표 하시오.

$\dfrac{80}{4)\overline{32}}$    $\overline{6)\;42}$ ⑥    ⑦ $\overline{7)\;49}$

$\dfrac{8}{4)\overline{32}}$    $\dfrac{7}{6)\overline{42}}$    ⑥ $\overline{5)\;30}$

**2** ○안에 >, =, <를 알맞게 써넣으시오.

❶ 24÷3 ⟨=⟩ 72÷9
   8      8

❷ 30÷6 ⟨<⟩ 24÷6
   5      4

❸ 36÷6 ⟨<⟩ 36÷9
   6      4

❹ 56÷7 ⟨<⟩ 18÷2
   8      9

**3** 빈칸에 알맞은 수를 써넣으시오.

❶ ÷2

| 12 | 16 | 8 | 10 |
|----|----|---|----|
| 6 | 8 | 4 | 5 |

❷ ÷7

| 35 | 42 | 63 | 56 |
|----|----|----|----|
| 5 | 6 | 9 | 8 |

③ 주차

36

## 카드셈

### 493

● 숫자 카드를 한 번씩 모두 사용하여 나눗셈식을 만드시오.

| 2 | 4 | 7 | 8 |

↑

2 8 ÷ 4 = 7
2 8 ÷ 7 = 4

❶ | 1 | 2 | 3 | 4 |

↑

1 2 ÷ 3 = 4
1 2 ÷ 4 = 3

❷ | 5 | 6 | 7 | 8 |

↑

5 6 ÷ 7 = 8
5 6 ÷ 8 = 7

❸ | 3 | 4 | 6 | 9 |

↑

3 6 ÷ 4 = 9
3 6 ÷ 9 = 4

❹ | 1 | 2 | 6 | 8 |

↑

1 6 ÷ 2 = 8
1 6 ÷ 8 = 2

---

● 숫자 카드를 한 번씩 모두 사용하여 나눗셈식을 두 개 만드시오.

● | 4 | 5 | 6 | 9 |

↑

$54 \div 6 = 9$, $54 \div 9 = 6$

❶ | 2 | 7 | 8 | 9 |

↑

$72 \div 8 = 9$, $72 \div 9 = 8$

❷ | 1 | 3 | 6 | 8 |

↑

$18 \div 3 = 6$, $18 \div 6 = 3$

❸ | 2 | 3 | 7 | 9 |

↑

$27 \div 3 = 9$, $27 \div 9 = 3$

❹ | 1 | 2 | 8 | 9 |

↑

$18 \div 2 = 9$, $18 \div 9 = 2$

❺ | 2 | 4 | 6 | 7 |

↑

$42 \div 6 = 7$, $42 \div 7 = 6$

● 안의 수에 맞게 화살이 꽂힐 자리 두 군데에 ×표 하시오.

**❶** 45 ÷ 5
9

| 16 | 45✕ | | 7 | 8 |
| 49 | 64 | | 2 | 5✕ |

**❸** 12 ÷ 2
6

| ✕2 | 21 | | ✕2 | 3 |
| 35 | 28 | | 4 | 5 |

**❺** 40 ÷ 5
8

| 20 | 45 | | 2 | 7 |
| 40✕ | 49 | | 5✕ | 4 |

**❷** 24 ÷ 8
3

| 16 | 30 | | ✕8 | 8 |
| ✕24 | 20 | | 6 | 5 |
| | | | 4 | |

**❹** 21 ÷ 3
7

| 18 | 2✕ | | 1 | 4 |
| 8 | 24 | | 3✕ | 2 |

**❻** 35 ÷ 7
5

| 27 | 54 | | 3 | 4 |
| 36 | 35✕ | | 9 | 7✕ |

사고셈 ● 41

---

# 494 양과녁셈

● 왼쪽 과녁판의 점수를 오른쪽 과녁판의 점수로 나눈 몫을 쓰시오.

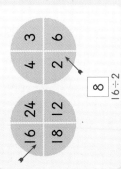
8
16 ÷ 2

**❶** 21 ÷ 7
3

**❷**
5

6

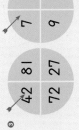
9

**❸**
6

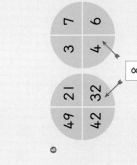
8

# ④ 주차

## 495 도형 연결

● 큰 수를 작은 수로 나눈 몫이 ● 안의 수가 되도록 선으로 이으시오.

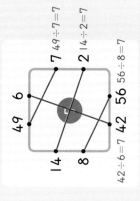

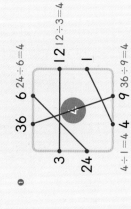

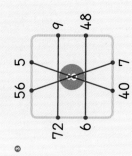

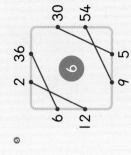

---

월 일

⊕ 큰 수를 작은 수로 나눈 몫이 모두 같도록 선으로 잇고, 몫을 ○ 안에 써넣으시오.

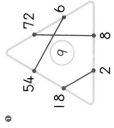

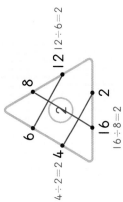

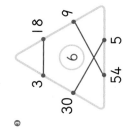

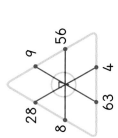

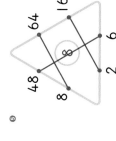

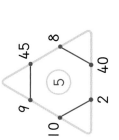

● 늘어진 버튼으로 만들 수 있는 두 가지 나눗셈식과 몫을 쓰시오.

① 12÷3=4
21÷3=7

③ 27÷9=3
72÷9=8

36÷9=4
63÷9=7

② 24÷8=3
28÷4=7

# 496

## 계산기

● 액정의 계산 결과에 맞게 버튼을 누른 순서대로 쓰시오.

③ 3 2 ÷ 8 =

② 7 2 ÷ 8 =

④ 4 9 ÷ 7 =

① 1 4 ÷ 7 =

③ 1 6 ÷ 2 =

⑤ 4 2 ÷ 7 =

# ④ 주차

## 잘 공부했는지 알아봅시다

**1** 다음 숫자 카드를 한 번씩 모두 사용하여 나눗셈식 두 개를 만드시오.

| 3 | 6 | 7 | 9 |

➡

| 6 | 3 | ÷ | 7 | = | 9 |

| 6 | 3 | ÷ | 9 | = | 7 |

**2** 몫이 가장 큰 것에 ○표 하시오.

14÷2
7

18÷3
6

24÷6
4

**3** 몫이 4인 나눗셈식에 ○표, 몫이 6인 나눗셈식에 △표 하시오.

| 8÷2 4 | 30÷6 5 | 28÷4 7 |  36÷6 6 |
|---|---|---|---|
| 27÷3 9 | 9÷3 3 | 14÷7 2 | 81÷9 9 |
| 54÷9 6 | 12÷6 2 | 32÷8 4 | 72÷8 9 |

## ⑤ 주차

### 497 선 잇기

● □ 안에 들어갈 수가 같은 것끼리 선으로 이으시오.

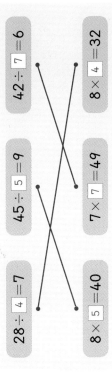

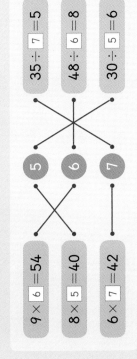

---

● □ 안에 들어갈 수가 같은 것끼리 선으로 이으시오.

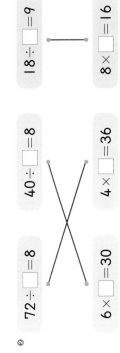

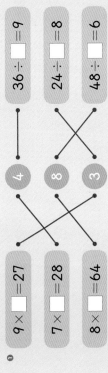

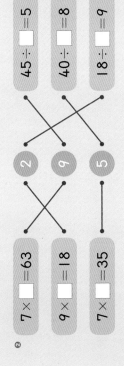

# 원판셈

## 498

● 빈칸에 알맞은 수를 써넣으시오.

---

월 일

나누는 수를 먼저 구합니다.

27÷○=3에서 ○안의 수 9를 구합니다.

❋ 빈칸에 알맞은 수를 써넣으시오.

16÷○=2에서 ○안의 수 8을 구합니다.

# 499 나눗셈의 □

● 나눗셈을 하여 □ 안에 알맞은 수를 써넣으시오.

$64 \div 8 = 8$
$16 \div 2 = 8$

① $36 \div 6 = 6$
$18 \div 3 = 6$

② $24 \div 3 = 8$
$48 \div 6 = 8$

③ $40 \div 8 = 5$
$35 \div 7 = 5$

④ $42 \div 6 = 7$
$63 \div 9 = 7$

⑤ $18 \div 2 = 9$
$81 \div 9 = 9$

⑥ $21 \div 7 = 3$
$12 \div 4 = 3$

⑦ $32 \div 8 = 4$
$16 \div 4 = 4$

⑧ $20 \div 4 = 5$
$45 \div 9 = 5$

⑨ $63 \div 9 = 7$
$28 \div 4 = 7$

⑩ $56 \div 7 = 8$
$72 \div 9 = 8$

⑪ $48 \div 8 = 6$
$12 \div 2 = 6$

⑫ $24 \div 6 = 4$
$36 \div 9 = 4$

⑬ $28 \div 7 = 4$
$20 \div 5 = 4$

⑭ $45 \div 9 = 5$
$35 \div 7 = 5$

● □ 안에 알맞은 수를 써넣으시오.

$18 \div 2 = \boxed{27} \div 3$
$9 = 27 \div 3$

① $32 \div 8 = 20 \div 5$
$32 \div 8 = 4$

② $42 \div 7 = \boxed{30} \div 5$

③ $24 \div 3 = 72 \div 9$

④ $16 \div 8 = \boxed{12} \div 6$

⑤ $54 \div 6 = 36 \div 4$

⑥ $27 \div 9 = \boxed{21} \div 7$

⑦ $45 \div 5 = 72 \div 8$

⑧ $32 \div 4 = \boxed{24} \div 3$

⑨ $49 \div 7 = 63 \div 9$

⑩ $48 \div 8 = \boxed{54} \div 9$

⑪ $45 \div 9 = 25 \div 5$

⑫ $54 \div 9 = \boxed{48} \div 8$

⑬ $24 \div 4 = 36 \div 6$

⑭ $81 \div 9 = \boxed{18} \div 2$

⑮ $12 \div 2 = 42 \div 7$

# ⑤ 주차

## P. 54 ● P. 55

### 500 하우스

**P.54**

● 나눗셈을 하여 빈칸에 알맞은 수를 써넣으시오.

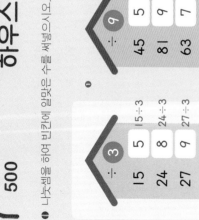

예) ÷3
| 15 | 5 | 15÷3 |
| 24 | 8 | 24÷3 |
| 27 | 9 | 27÷3 |

① ÷9
| 45 | 5 | 45÷9 |
| 81 | 9 | 81÷9 |
| 63 | 7 | 63÷9 |

② ÷7
| 49 | 7 | 49÷7 |
| 35 | 5 | 35÷7 |
| 63 | 9 | 63÷7 |

④ ÷5
| 25 | 5 |
| 40 | 8 |
| 30 | 6 |

⑤ ÷4
| 24 | 6 |
| 36 | 9 |
| 12 | 3 |

② ÷2
| 12 | 6 |
| 18 | 9 |
| 14 | 7 |

⑦ ÷6
| 42 | 7 |
| 30 | 5 |
| 18 | 3 |

⑧ ÷3
| 12 | 4 |
| 9 | 3 |
| 18 | 6 |

⑧ ÷8
| 24 | 3 |
| 48 | 6 |
| 64 | 8 |

54

**P.55**

● 빈칸에 알맞은 수를 써넣으시오.

먼저 ◯안의 수를 구합니다.

① ÷4
| 16 | 4 |
| 32 | 8 | 32÷4 |
| 28 | 7 | 28÷4 |

16÷◯=4이므로
◯안의 수는 4입니다.

② ÷7
| 14 | 2 | 14÷7 |
| 49 | 7 |
| 56 | 8 | 56÷7 |

49÷◯=7이므로
◯안의 수는 7입니다.

② ÷2
| 16 | 8 | 16÷2 |
| 10 | 5 |
| 8 | 4 |

10÷◯=5이므로
◯안의 수는 2입니다.

8÷2=4

④ ÷8
| 32 | 4 |
| 40 | 5 |
| 24 | 3 |

⑤ ÷5
| 20 | 4 |
| 45 | 9 |
| 15 | 3 |

③ ÷6
| 54 | 9 |
| 48 | 8 |
| 12 | 2 |

⑦ ÷3
| 24 | 8 |
| 15 | 5 |
| 21 | 7 |

⑥ ÷2
| 14 | 7 |
| 6 | 3 |
| 18 | 9 |

⑥ ÷9
| 72 | 8 |
| 54 | 6 |
| 27 | 3 |

# 5 주차

## 잘 공부했는지 알아봅시다

**1** 관계 있는 것끼리 선으로 이으시오.

| 12÷3=4 | | 9÷3=3 |
| 24÷8=3 | | 12÷6=2 |
| 18÷9=2 | | 8÷2=4 |

**2** 빈칸에 알맞은 수를 써넣으시오.

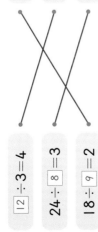

ⓐ
7
14÷7 → 2
28÷7 → 4
49 → 7
49÷☐=7이므로
☐ 안의 수는 7입니다.

**3** ☐ 안에 알맞은 수를 써넣으시오.

ⓐ 32÷4 = 48÷6
         8

ⓑ 35÷5=14÷2
          7

ⓒ 54÷9=18÷3
       6

ⓓ 72÷8=36÷4
      9

56

# 6 주차

## 바람개비 연산

### 501

● 나눗셈이 묶음 화살표 방향에 따라 쓰고, 빈칸에 알맞은 수를 써넣으시오.

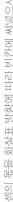

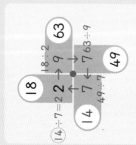

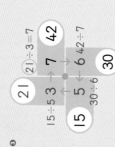

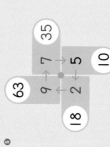

---

● 나눗셈이 묶음 화살표 방향에 따라 빈칸에 써넣으시오.

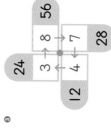

$48 \div 8 = 6$
$48 \div 6 = 8$
$42 \div 6 = 7$
$42 \div 7 = 6$
입니다.
따라서 ①에는 48
과 42를 모두 나
눌 수 있는 6이 들
어갑니다.

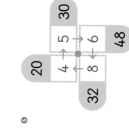

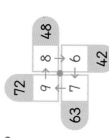

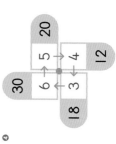

# 502 숫자 카드 목표셈

● 숫자 카드를 사용하여 나눗셈식을 완성하시오.

보기) 카드 1 8 9
$18 \div 9 = 2$
$81 \div 9 = 9$

① 카드 1 2 4
$12 \div 4 = 3$
$14 \div 2 = 7$

② 카드 2 4 6
$24 \div 6 = 4$
$42 \div 6 = 7$

③ 카드 2 7 8
$28 \div 7 = 4$
$72 \div 8 = 9$

④ 카드 4 5 9
$45 \div 9 = 5$
$54 \div 9 = 6$

⑤ 카드 1 6 8
$16 \div 8 = 2$
$18 \div 6 = 3$

---

● 숫자 카드 중 세 장을 사용하여 계산 결과에 맞는 나눗셈식을 만드시오.

보기) 카드 1 2 4 6
$12 \div 6 = 2$
$12 \div 4 = 3$
$16 \div 2 = 8$

① 카드 2 3 4 6
$24 \div 6 = 4$
$42 \div 6 = 7$
$36 \div 4 = 9$

② 카드 2 4 7 8
$24 \div 8 = 3$
$28 \div 7 = 4$
$42 \div 7 = 6$

③ 카드 2 4 7 9
$42 \div 7 = 6$
$49 \div 7 = 7$
$72 \div 9 = 8$

④ 카드 2 7 8 9
$27 \div 9 = 3$
$28 \div 7 = 4$
$72 \div 8 = 9$

⑤ 카드 1 2 3 7
$21 \div 7 = 3$
$12 \div 3 = 4$
$27 \div 3 = 9$

# 6 주차

## 503 사탕셈

● 위에서 아래로, 왼쪽에서 오른쪽으로 나눗셈을 하시오.

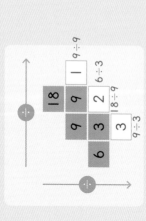

● 빈칸에 알맞은 수를 써넣으시오.

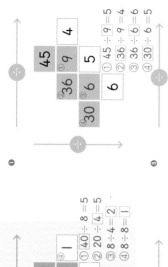

푸는 순서를 찾는 것이 중요합니다.

① 45 ÷ 9 = 5
② 36 ÷ 9 = 4
③ 36 ÷ 6 = 6
④ 30 ÷ 6 = 5

① 40 ÷ 8 = 5
② 20 ÷ 4 = 5
③ 8 ÷ 4 = 2
④ 8 ÷ 8 = 1

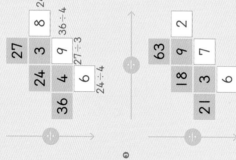

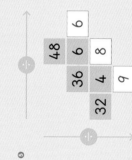

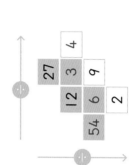

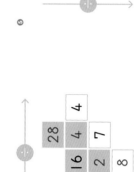

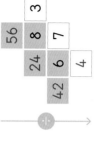

## 504 사다리 타기

● 사다리 타기를 하여 빈칸에 알맞은 수를 써넣으시오.

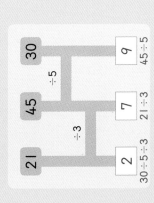

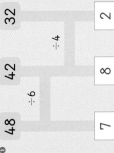     

● 빈칸에 알맞은 수를 써넣으시오.

 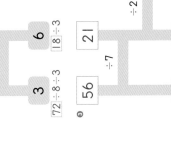

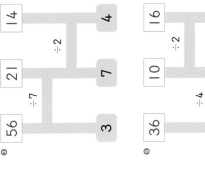 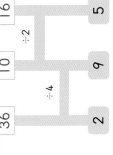

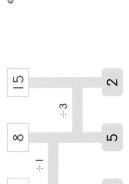

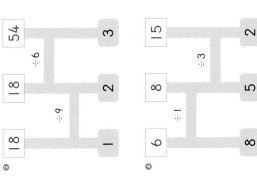

⑥ 주차

# ⑥ 주차

## 잘 공부했는지 알아봅시다

월 일

**1** 숫자 카드 중 세 장을 사용하여 계산 결과에 맞는 나눗셈식을 만드시오.

❶ 4  6  1  3

$1\ 6 \div 4 = 4$

❷ 1  7  4  2

$1\ 4 \div 2 = 7$

**2** 빈칸에 알맞은 수를 써넣으시오.

❶ 32  27  72

÷4  ÷9

2      8      3

$72 \div 9 \div 4$   $32 \div 4$   $27 \div 9$

❷ 63  49  24

÷7  ÷3

7      8      3

$49 \div 7$   $24 \div 3$   $63 \div 7 \div 3$

**3** 나눗셈의 몫을 화살표 방향에 따라 쓴 것입니다. 빈칸에 알맞은 수를 써넣으시오.

❶

❷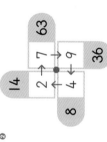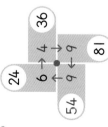

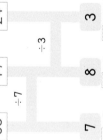

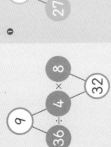

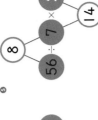

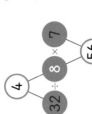
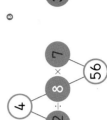
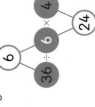

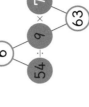

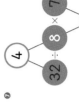
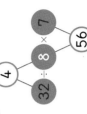

① $6 \times 5 = 30$
② $42 \div 6 = 7$

① $8 \times 4 = 32$
② $24 \div 8 = 3$

① $5 \times 7 = 35$
② $40 \div 5 = 8$

빈 곳에 알맞은 수를 써넣으시오.

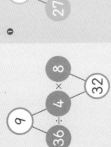

505 곱셈과 나눗셈

빈 곳에 알맞은 수를 써넣으시오.

# ⑦ 주차

## 506 계단셈

● 빈칸에 알맞은 수를 써넣으시오.

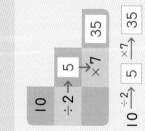

10 → ÷2 → 5 → ×7 → 35
10 $\xrightarrow{\div2}$ 5 $\xrightarrow{\times7}$ 35

27 → ÷3 → 9 → ×4 → 36
27 $\xrightarrow{\div3}$ 9 $\xrightarrow{\times4}$ 36

45 → ÷9 → 5 → ×5 → 25
45 $\xrightarrow{\div9}$ 5 $\xrightarrow{\times5}$ 25

56 → ÷8 → 7 → ×2 → 14
56 $\xrightarrow{\div8}$ 7 $\xrightarrow{\times2}$ 14

64 → ÷8 → 8 → ×4 → 32
64 $\xrightarrow{\div8}$ 8 $\xrightarrow{\times4}$ 32

49 → ÷7 → 7 → ×6 → 42
49 $\xrightarrow{\div7}$ 7 $\xrightarrow{\times6}$ 42

● 빈칸에 알맞은 수를 써넣으시오.

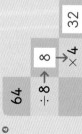

② 35 $\xrightarrow{\div5}$ 7 $\xrightarrow{\times3}$ 21
② 35÷5=7   ① 7×3=21
35 $\xrightarrow{\div5}$ 7 $\xrightarrow{\times3}$ 21

30 $\xrightarrow{\div6}$ 5 $\xrightarrow{\times5}$ 25
30 $\xrightarrow{\div6}$ 5 $\xrightarrow{\times5}$ 25

56 $\xrightarrow{\div7}$ 8 $\xrightarrow{\times8}$ 64
56 $\xrightarrow{\div7}$ 8 $\xrightarrow{\times8}$ 64

② 18 $\xrightarrow{\div3}$ 6 $\xrightarrow{\times4}$ 24
② 18÷3=6   ① 6×4=24
18 $\xrightarrow{\div3}$ 6 $\xrightarrow{\times4}$ 24

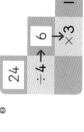

24 $\xrightarrow{\div4}$ 6 $\xrightarrow{\times3}$ 18
24 $\xrightarrow{\div4}$ 6 $\xrightarrow{\times3}$ 18

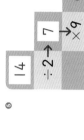

14 $\xrightarrow{\div2}$ 7 $\xrightarrow{\times9}$ 63
14 $\xrightarrow{\div2}$ 7 $\xrightarrow{\times9}$ 63

사고셈 ● 71

70

# 507 창문셈

◆ 빈칸에 알맞은 수를 써넣으시오.

| | | | | |
|---|---|---|---|---|
| 48 | ÷ | 6 | = | ①8 |
| − | | | | + |
| 41 | | | | 41 |
| = | | | | = |
| ②7 | × | ④7 | = | ③49 |

① 48÷6=8
② 48−41=7
③ 8+41=49
④ 7×7=49

❶

| | | | | |
|---|---|---|---|---|
| 7 | × | 3 | = | ①21 |
| + | | | | − |
| 49 | | | | 14 |
| = | | | | = |
| ②56 | ÷ | ④8 | = | ③7 |

① 7×3=21
② 7+49=56
③ 21−14=7
④ 56÷8=7

❷

| | | | | |
|---|---|---|---|---|
| 16 | ÷ | 2 | = | 8 |
| − | | | | + |
| 12 | | | | 16 |
| = | | | | = |
| 4 | × | 6 | = | 24 |

❸

| | | | | |
|---|---|---|---|---|
| 8 | × | 4 | = | 32 |
| + | | | | − |
| 46 | | | | 26 |
| = | | | | = |
| 54 | ÷ | 9 | = | 6 |

❹

| | | | | |
|---|---|---|---|---|
| 32 | ÷ | 4 | = | 8 |
| − | | | | + |
| 28 | | | | 4 |
| = | | | | = |
| 4 | × | 3 | = | 12 |

❺

| | | | | |
|---|---|---|---|---|
| 6 | × | 5 | = | 30 |
| + | | | | − |
| 21 | | | | 21 |
| = | | | | = |
| 27 | ÷ | 3 | = | 9 |





◆ 빈칸에 알맞은 수 또는 ×, ÷를 써넣으시오.

| | | | | |
|---|---|---|---|---|
| 35 | ÷ | ④7 | = | ③5 |
| − | | | | + |
| 29 | | | | 31 |
| = | | | | = |
| ①6 | × | ②6 | = | 36 |

① 35−29=6
② 6×6=36
③ 5+31=36
④ 35÷7=5

❶

| | | | | |
|---|---|---|---|---|
| ①2 | × | 9 | = | ②18 |
| + | | | | − |
| 12 | | | | 16 |
| = | | | | = |
| 14 | ÷ | ④7 | = | ③2 |

① 2+12=14
② 2×9=18
③ 18−16=2
④ 14÷7=2

❷

| | | | | |
|---|---|---|---|---|
| 4 | × | 7 | = | 28 |
| + | | | | − |
| 16 | | | | 24 |
| = | | | | = |
| 20 | ÷ | 5 | = | 4 |

❸

| | | | | |
|---|---|---|---|---|
| 9 | × | 7 | = | 63 |
| + | | | | − |
| 54 | | | | 54 |
| = | | | | = |
| 63 | ÷ | 7 | = | 9 |

❹

| | | | | |
|---|---|---|---|---|
| 81 | ÷ | 9 | = | 9 |
| − | | | | + |
| 72 | | | | 45 |
| = | | | | = |
| 9 | × | 6 | = | 54 |

❺

| | | | | |
|---|---|---|---|---|
| 36 | ÷ | 6 | = | 6 |
| − | | | | + |
| 28 | | | | 34 |
| = | | | | = |
| 8 | × | 5 | = | 40 |

# 508 거꾸로셈

● 빈칸을 알맞게 채우시오.

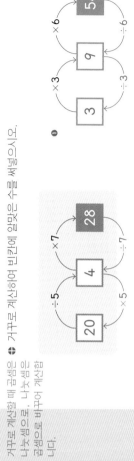

거꾸로 계산할 때 곱셈은 ⇔ 거꾸로 계산하여 빈칸에 알맞은 수를 써넣으시오.
나눗셈으로, 나눗셈은
곱셈으로 바꾸어 계산합
니다.

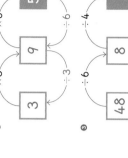

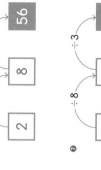
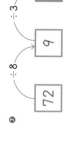
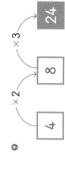
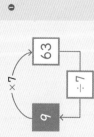
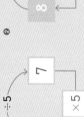
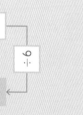

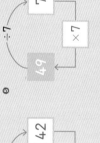
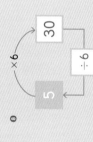

# 잘 공부했는지 알아봅시다

뜰 | 일

**1** 뜻과 곱에 맞게 빈칸에 알맞은 수를 써넣으시오.

❶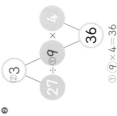

❷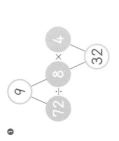

① $9 \times 4 = 36$
② $27 \div 9 = 3$

**2** 두 수가 있습니다. 두 수의 곱은 18이고, 큰 수를 작은 수로 나누면 몫이 2입니다. 두 수를 구하시오. **3, 6**

두 수의 곱이 18인 경우는 $2 \times 9$와 $3 \times 6$이 있습니다. 이 중 큰 수를 작은 수로 나누어 몫이 2인 경우는 $3 \times 6$입니다.

**3** □ 안에 알맞은 수를 써넣으시오.

❶

❷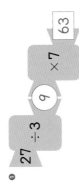

**4** 10보다 작은 서로 다른 두 홀수가 있습니다. 두 수의 곱을 큰 수로 나눈 몫과 큰 수를 작은 수로 나눈 몫이 같습니다. 두 수를 구하시오. **3, 9**

서로 다른 두 수의 곱(■×▲)을 큰 수(■)로 나눈 몫은 작은 수(▲)와 같습니다. 큰 수(■)를 작은 수(▲)로 나눈 몫도 작은 수(▲)이므로 큰 수(■)는 작은 수(▲)를 두 번 곱한 것과 같습니다. 10보다 작은 홀수 중 조건에 맞는 수를 찾으면 작은 수는 3, 큰 수는 9입니다.

76

**7** 주차

## 509 곱셈식과 나눗셈식

● 주어진 문장을 보고 곱셈식과 나눗셈식으로 나타내세요.

수진이네 반 학생들이 한 줄에
7명씩 서니 모두 56
명입니다.

→

수진이네 반 학생 56명이 한
줄에 8줄로 서니 모두 8줄입
니다.

$7 \times 8 = 56$

$56 \div 7 = 8$

---

아이들 4명이 과일을 5개씩
따왔더니 과일이 모두 20개
가 되었습니다.

→

과일 20개를 아이들 4명이
같은 개수씩 따오려면 한 사
람이 5개씩 따와야 합니다.

$4 \times 5 = 20$

$20 \div 4 = 5$

---

사과를 한 상자에 6개씩 9상
자에 담았더니 모두
54개가 되었습니다.

→

사과 54개를 한 상자에 6개
씩 나누어 담았더니 9상자가
되었습니다.

$6 \times 9 = 54$

$54 \div 6 = 9$

---

월    일

● 주어진 문장을 이용하여 나눗셈식에 맞는 문제를 만들고 식을 완성하시오.

수현이네 반 학생들이 승합차
5대에 8명씩 나누어 탔습니다.
하생 수는 모두 몇 명입니까?

→

수현이네 반 학생 40명이 승합차
5대에 똑같이 나누어 타려면 승합
차 한 대에 몇 명이 타야 합니까?

$5 \times 8 = 40$

$40 \div 5 = 8$

---

⑩ 음료수가 6병씩 들어 있는 상
자가 7개 있습니다. 음료수는
모두 몇 병입니까?

→

⑩ 음료수가 모두 42병이 있습니
다. 한 상자에 6병씩 들어간다
면 모두 몇 상자가 필요합니까?

$6 \times 7 = 42$

$42 \div 6 = 7$

---

⑩ 1주일은 7일이고 여름방학
은 5주입니다. 여름방학은 모
두 며칠입니까?

→

⑩ 여름방학은 35일입니다. 1주일
이 7일이면 여름방학은 몇 주입
니까?

$7 \times 5 = 35$

$35 \div 7 = 5$

## 510 한 식 문장제

□ 안에 알맞은 수를 써넣으시오.

고양이의 다리는 4개입니다. 고양이 9마리의 다리는 모두 몇 개입니까?

식 : $4 \times 9 = 36$ (개)

① 사탕 42개를 상자 7개에 똑같이 나누어 담으려고 합니다. 한 상자에 몇 개씩 담을 수 있습니까?

식 : $42 \div 7 = 6$ (개)

② 연필꽂이에 색연필이 9자루씩 꽂혀 있습니다. 연필꽂이 5개에 꽂혀 있는 색연필은 모두 몇 자루입니까?

식 : $9 \times 5 = 45$ (자루)

③ 승합차 1대에는 8명이 탈 수 있습니다. 승합차 6대에는 모두 몇 명이 탈 수 있습니까?

식 : $8 \times 6 = 48$ (명)

④ 동화책 21권을 책꽂이에 꽂으려고 합니다. 책꽂이 한 칸에 동화책을 7권씩 꽂는다면 책꽂이는 모두 몇 칸이 필요합니까?

식 : $21 \div 7 = 3$ (칸)

---

월 일

✚ 식과 답을 쓰시오.

한 사람이 공기돌을 6개씩 가지고 있습니다. 친구들 8명이 가지고 있는 공기돌은 모두 몇 개입니까?

식 : $6 \times 8 = 48$ (개)　　답 : 48 개

① 연필 24자루를 한 사람에게 3자루씩 나누어 주려고 합니다. 몇 명에게 나누어 줄 수 있습니까?

식 : $24 \div 3 = 8$ (명)　　답 : 8 명

② 포장끈 32개를 4명에게 똑같이 나누어 주면 한 사람은 포장끈을 몇 개씩 가지게 됩니까?

식 : $32 \div 4 = 8$ (개)　　답 : 8 개

③ 영화를 보기 위해 학생들이 5명씩 8줄로 서 있습니다. 줄을 선 학생들은 모두 몇 명입니까?

식 : $5 \times 8 = 40$ (명)　　답 : 40 명

④ 과수원에서 배 54개를 땄습니다. 한 봉지에 6개씩 포장하면 몇 봉지가 됩니까?

식 : $54 \div 6 = 9$ (봉지)　　답 : 9 봉지

P. 82 • P. 83

# 8 주차

## 511 어떤 수 구하기

● □를 사용한 식으로 나타내고, 어떤 수를 구하시오.    어떤 수를 □로 나타냅니다.

어떤 수에 7을 곱하였더니 42가 되었습니다. 어떤 수는 얼마입니까?

식: $□×7=42$    어떤 수: 6

① 어떤 수를 3으로 나누었더니 6이 되었습니다. 어떤 수는 얼마입니까?

식: $□÷3=6$    어떤 수: 18

② 8에 어떤 수를 곱하였더니 56이 되었습니다. 어떤 수는 얼마입니까?

식: $8×□=56$    어떤 수: 7

③ 42를 어떤 수로 나누었더니 7이 되었습니다. 어떤 수는 얼마입니까?

식: $42÷□=7$    어떤 수: 6

④ 어떤 수와 6의 곱은 36입니다. 어떤 수는 얼마입니까?

식: $□×6=36$    어떤 수: 6

⑤ 어떤 수를 4로 나누면 몫이 5입니다. 어떤 수는 얼마입니까?

식: $□÷4=5$    어떤 수: 20

---

월 일

✚ 어떤 수를 구하고 물음에 답하시오.

✚ 어떤 수에 7을 곱하였더니 56이 되었습니다. 어떤 수를 4로 나누면 얼마입니까?

어떤 수: $□×7=56, □=8$

계산하기: $8÷4=2$

① 어떤 수를 3으로 나누면 몫이 3입니다. 어떤 수에 6을 곱하면 얼마입니까?

어떤 수: $□÷3=3, □=9$

계산하기: $9×6=54$

② 64를 어떤 수로 나누면 몫이 8입니다. 어떤 수에 7을 곱하면 얼마입니까?

어떤 수: $64÷□=8, □=8$

계산하기: $8×7=56$

③ 9에 어떤 수를 곱하였더니 36이 되었습니다. 24를 어떤 수로 나누면 몫이 얼마입니까?

어떤 수: $9×□=36, □=4$

계산하기: $24÷4=6$

④ 어떤 수에 7을 곱해야 할 것을 잘못하여 5를 곱하였더니 35가 되었습니다. 바르게 계산하면 얼마입니까?

어떤 수: $□×5=35, □=7$

계산하기: $7×7=49$

# 512 여러 식 문장제

## □ 안에 알맞은 수를 써넣으시오.

과수원에서 어제 딴 사과 25개와 오늘 딴 사과 11개를 똑같은 개수씩 4봉지에 나누어 모두 포장하였습니다. 한 봉지에 들어 있는 사과는 모두 몇 개입니까?

$$25 + \boxed{11} = \boxed{36}, \quad \boxed{36} \div \boxed{4} = \boxed{9} \text{ (개)}$$

① 하루에 동화책을 민주는 7쪽, 소영이는 9쪽씩 읽습니다. 민주와 소영이가 4일 동안 읽는 동화책은 모두 몇 쪽입니까?

$$\boxed{7} \times \boxed{4} = \boxed{28}, \quad \boxed{9} \times \boxed{4} = \boxed{36}, \quad \boxed{28} + \boxed{36} = \boxed{64} \text{ (쪽)}$$

② 승희네 모둠 9명이 4권씩 동화책을 가져와서 친구들에게 6권씩 똑같이 나누어 주려고 합니다. 친구 몇 명에게 나누어 줄 수 있습니까?

$$\boxed{9} \times \boxed{4} = \boxed{36}, \quad \boxed{36} \div \boxed{6} = \boxed{6} \text{ (명)}$$

③ 개미 한 마리의 다리는 6개이고 거미 한 마리의 다리는 8개입니다. 개미가 7마리, 거미가 5마리 있다고 할 때 개미의 다리는 거미의 다리보다 몇 개 더 많습니까?

$$\boxed{6} \times \boxed{7} = \boxed{42}, \quad \boxed{8} \times \boxed{5} = \boxed{40}, \quad \boxed{42} - \boxed{40} = \boxed{2} \text{ (개)}$$

---

## 식과 답을 쓰시오.

수정이네 반 아이들이 운동장에 줄을 지어 서 있습니다. 남학생 16명은 8명씩, 여학생 24명은 6명씩 줄을 섰다면 학생들은 모두 몇 줄로 서 있습니까?

식 : $16 \div 8 = 2$ , $24 \div 6 = 4$ , $2 + 4 = 6$

답 : ___6___ 줄

① 진영이는 사탕을 5개씩 5봉지, 찬희는 7개씩 4봉지 담았습니다. 담은 사탕은 모두 몇 개입니까?

식 : $5 \times 5 = 25$ , $7 \times 4 = 28$ , $25 + 28 = 53$

답 : ___53___ 개

② 빵이 한 바구니에 8개씩 3바구니가 있습니다. 이 빵을 4개씩 봉지에 담아 모두 포장하였습니다. 포장한 빵은 모두 몇 봉지입니까?

식 : $8 \times 3 = 24$ , $24 \div 4 = 6$

답 : ___6___ 봉지

③ 철수네 반에서 도서관에 기증하기 위해 책을 모았습니다. 동화책은 8권씩 4상자를 모았고, 위인전은 9권씩 3상자를 모았습니다. 책을 모두 몇 권 모았습니까?

식 : $8 \times 4 = 32$ , $9 \times 3 = 27$ , $32 + 27 = 59$

답 : ___59___ 권

---

# ⑧ 주차

## 잘 공부했는지 알아봅시다

**1** 운동장에 학생들이 한 줄에 7명씩 9줄로 서 있습니다. 줄을 서 있는 학생들은 모두 몇 명입니까?

식 :     $7 \times 9 = 63$     답 :  **63**  명

**2** 배구 시합에 출전한 선수는 한 팀당 6명입니다. 배구 선수 24명으로 배구팀을 몇 팀 만들 수 있습니까?

식 :     $24 \div 6 = 4$     답 :  **4**  팀

**3** 다음 나눗셈식을 보고 빈칸에 알맞은 수를 써넣으시오.

$$30 \div 6 = 5$$

우리 반 학생 . 30 . 명을  6  명씩 한 모둠으로

만들면  5  모둠을 만들 수 있습니다.

**4** 어머니께서 한 봉지에 8개씩 들어 있는 귤을 6봉지 사오셨습니다. 집에 8개를 남겨 두고 나머지를 이웃 할머니 5분께 똑같이 나누어 드리려고 합니다. 할머니 한 분께 몇 개씩 나누어 드리면 됩니까?

식 :  $8 \times 6 = 48$  ,  $48 - 8 = 40$  ,  $40 \div 5 = 8$

답 :  **8**  개

배운 개념을 끊임없이 되짚어주니까
새로운 개념도 쉽게 이해됩니다

**수학 개념이 쉽고 빠르게 소화되는 특별한 학습법**

· 배운 개념과 배울 개념을 연결하여 소화가 쉬워지는 학습
· 문제의 핵심 용어를 짚어주어 소화가 빨라지는 학습
· 개념북에서 익히고 워크북에서 1:1로 확인하여 완벽하게 소화하는 학습